独角兽
法学精品

人 工 智 能

〔英〕瑞恩·艾伯特 / 著
张金平　周睿隽 / 译

彭诚信
— 主编 —

理性机器人：人工智能未来法治图景

The Reasonable Robot: Artificial Intelligence and the Law

上海人民出版社

献给我的母亲

主编序

本辑丛书已是“独角兽法学精品 · 人工智能”的第四辑。从 2018 年第一辑丛书出版至今四年以来，学界对于人工智能与相关法律的研究进入更深层次与更广维度，已拓展到具体制度、基本理论乃至法哲学、伦理学以及哲学等层面的探讨。从学界最初对人工智能的法学研究是否存在“泡沫”的争议，到如今“赛博朋克”的社会憧憬、人工智能的智能裁判、无人驾驶汽车的现实侵权、智能合约的广泛应用，人工智能可谓已嵌入人类生活的方方面面，正逐步从底部改变社会治理与运转的基本方式。

但人工智能的法学研究，在某种程度上显著落后于实践的飞速发展。上海交通大学凯原法学院数据法律研究中心正是以国家社科基金重大项目“大数据时代个人数据保护与数据权利体系研究”为依托，致力于数据、个人信息以及人工智能的学术研究，并努力构筑理论与立法、司法实践以及企业实践的桥梁。“独角兽法学精品 · 人工智能”第四辑就是在这种时代背景下，选译域外相关最新研究成果，从不同的思维层次与不同的现实站位出发，力图为国内人工智能法学研究以及相关实践应用拓宽思路，提供借鉴，逐步形成国内、国外人工智能的法学研究相互呼应、并驾齐驱，法学理论与企业实践、立法及司法事前紧密配合、有益互补的发展格局。

一、本辑译丛的主要内容

本辑丛书精选了三部著作，分别是瑞恩·艾伯特撰写的《理性机器人：人工智能未来法治图景》（张金平、周睿隽译）、塞巴斯蒂安·洛塞等人主编的《数据交易：法律·政策·工具》（曹博译）和弥永真生、宍户常寿所编的《人工智能与法律的对话 3》（郭美蓉、李鲜花、郑超等译）。

在《理性机器人：人工智能未来法治图景》一书中，瑞恩·艾伯特基于其医学、法学等领域积累下的丰富跨学科知识，从人与人工智能两个维度，深入观察剖析了现行部门法区分对待两者的问题与可能性，包括法律乃至社会整体如何去适应机器等争议性的话题，以期解除人工智能可能带来的束缚，最为充分地拓展技术为人类服务的潜在空间。本书也对法律如何改变技术世界以及塑造未来世界的模样进行了大量论证。通过论证对人工智能的利用征税、对人工智能致害采用基于“理性机器人”的过错责任、对“理性机器人”发明创造提供专利保护、对人工智能犯罪采用责任人追究机制，以充分释放人工智能基于人类利益优先的发展潜能。法律不应再是笼统地探讨是否应赋予人工智能以法人人格或其他单一路径的解决办法，而是需要一场解决所有领域问题的有关人工智能技术的法律全面变革。基于拓展人工智能技术使用范围的立场，瑞恩·艾伯特提出了人工智能法律中立原则，通过建立人工智能的行为规则和标准，实现人工智能福利的同时，实现风险可控，切实保证人类的权利与地位。

数字领域已成为全球竞争的核心，体量和频次明显膨胀的数字化应用正在从根本上重塑我们的经济与社会，这其中，作为底层基础的数据交易是法律必须予以明确规制的关键内容。塞巴斯蒂安·洛塞、莱纳·舒尔茨、德克·施陶登迈尔等学者主编的《数据交易：法律·政策·工具》一书，是第三届明斯特欧盟法与数字经济研讨会的论文集。旨在讨论欧盟法律如何应对数字经济的需求与挑战，梳理了欧盟有关数据交易法律问题的前沿动态，探讨了通过知识产权、财产权、强制许可、合同等概念与工具应对数据交易难题的可能性与正当性，提供了法律、经济、政策、产业等不同视角的观察。该书还集中探讨了争议较大的法律解决方法，一是数据的独占权，特别是数据"所有权"的因应归属；二是进一步论证探索发展合同法的可能，包括合同法的默示规则、不公平的 B2B 交易格式条款和条件的控制，以及强制许可等，也同时研评了包括《数据库指令》《通用数据保护条例》《打造欧洲数据经济》报告在内的诸多欧盟立法与政策，力图为欧洲经济发展提供一个把握潜在机遇的数字交易框架。

《人工智能与法律的对话 3》由弥永真生等学者所编，在法理论层面讨论了人工智能给人类和社会存在方式带来的根本改变及其引起的法理层面的本质性追问。在分析了各国现有产业政策和法律规制导向的背景下，分析了将行、民、刑规制组合在一起调整人工智能法律问题的愿景，客观、冷静地讨论了是否应将某些法律制度扩展到人工智能的应用，同时具体深入分析了人工智能作为法律保护客体的可能，深入审视了人工智能对法律、伦理规则的本质性改变与影响。

二、本辑译丛相关内容的简要评价

本辑译丛选取的三本著作立意深远、论证宏大。

《理性机器人：人工智能未来法治图景》的作者敏锐地观察到人工智能在操纵股市、遥控选举、网络犯罪中充当的反面作用，提出了对人工智能终将毁灭人类的远景担忧及其带来的技术性失业、歧视和安全等现实困境。在如何更恰当地规范人工智能问题上，瑞恩·艾伯特认为人类还远未形成共识——国家可在多大范围内用人工智能展开监控？在人工智能进行贷款、刑事审判等决策的哪个阶段，个人对自动决策算法应当享有获得解释权？现有的法律是专门为人类所设计的，而人工智能使得人工智能体也可以像人类一样行动。但人工智能无缝衔接地适用现有法律是不切实际的幻想，法律适用若没有体系性的调整，便无法适应人工智能实践的现实发展。目前，人工智能已经受到隐私、安全、公平竞争等领域的法律监管，但这些领域的法律显然落后于实践需求。基于此，《理性机器人：人工智能未来法治图景》一书中提出旨在提升人类福祉的新法律原则——人工智能法律中立原则，主张法律不应歧视人工智能。但人工智能所需要的，不是更多或者更少的法律，而是正确的法律。如何将人类或者绝大多数人类认为正确的法律或价值观嵌入人工智能的算法或生活实践，是尚待法哲学及部门法予以正面回答的关键问题。

《数据交易：法律 · 政策 · 工具》详述和分析了基于欧盟利益的关于数据交易的关键性法律问题，讨论是否需要在现有的欧共体法律外建立关于数据获取和转让的前瞻性框架，以及如何设计这一框架。数据是非竞争性资源，任一市场参与者均有使用数据并不限制其他参与者使用数据的地位。但该书明确提出数据也是一种独占性资源，可对数据施加限制从而排除对数据的自动获取。本书就数据的独占权、强制许可和合同概念做了较为深入的扩展分析，也提出了解决数据问题各种路径的优缺点。对独占性的数据权利能否形成稳定保护的对象等实践问题，实际上现有法律并无成熟的规则体系与之匹配，但为了促进数字经济中的数据交易以帮助欧盟抢占数据领域的全球优势，法律应当对数据治理制度进行具体化调整，但这必然会增加法律的复杂性。特别是该书警示了针对数据独占权、合同扩展适用等内容仓促立法的危害。在此逻辑下，现有的法律制度能否以及如何适用于互联网络空间的数据，同样需要更加深入的探索论证与框架建构。

迄今为止，法律是以权利能力、行为能力、意思表示、责任承担等为基础的概念体系为前提，《人工智能与法律的对话 3》一书从法律的视角考察和审视人工智能对社会存在基本面的改变，在人工智能体具备尊严基础和一定的行为能力之后，是否可以为民事法律行为（如签订合同）？能否将代理、法人等拟制制度扩展应用于人工智能体？在法律执行上，涉及自动驾驶汽车与机器人手术的法律责任问题，该书作者创设性地提出修正债权法中的定型化格式条款规定以及人工智能体作为法律客体予以保护的条件，并对涉及数据保护的隐私问题与人工智能武器化发展的现实担忧提出了治理路径。问题是，该路径是否可行？

人工智能恐怕是迄今为止人类创造的最具颠覆性和创造性的技术，但它并不能保证提升人类的福祉。如何监督人工智能朝着有益于人类整体利益的方向发展，是制定有关人工智能合适法律与政策时的核心考虑。人工智能法律中立原则不应当成为驱动每一个法律决策的动力，也不能以牺牲诸如透明度和问责等原则为代价。在数据保护方面，相关法律还是应致力于在实现数据的自由流动以实现社会治理与经济利益的最大化与保护数据持有者（个人信息主体）的切身利益之间寻求平衡之道。在相关法律应关切促进技术发展的方向上，需要让创造技术条件和投入资源收集数据的市场参与者获得公平的投资回报，只不过要以技术向善、行为合法为底线与前提；毕竟包括数据利用的人工智能技术在内，促进创新而非扼杀创新，才是法律调整的最终目标。

在探究人工智能发展趋势的同时，法学不仅要深入思考人工智能将会带来的诸多问题，更需要关注在技术迭代发展的基础上如何回应并适应当下已经发生的现实问题。

三、本辑译丛引发的相关法律思考

三本著作可以说关涉数据与人工智能法律问题的方方面面。但其中一个共性的理论基础问题是，无论讨论数据还是人工智能，都必须置入网络空间或者数字社会，而网络空间或数字社会从生成至今均由工程和科学技术建构。可以说，在关涉数据与人工智能的法律领域，法律与工程及科学技术在此空间维度天然地结合在一起——法律工程学从此得以产生。此处的法律工程，并非传统意义上从工程学的视角来思考法律，把法律作为一个系统工程予以考虑。而是在当下的数字社会中，研究法律必然要借助工程与科学技术，大数据、算法、智能合约、区块链乃至整个赛博空间本身，都是工程技术与科学原理运用的结果。厘清其中所涉及的任何法律问题，亦都离不开工程与科学技术的配合。反之亦是如此，对数字社会或赛博空间任何方面的技术（含算法等）管制与治理，也都离不开法律制度的支持。

互联网络的出现，催生了数字社会的存在与发展。在法律领域之所以需要法律工程学，且在可预见的未来其地位和作用会愈发重要，恰恰是因为数字社会存在的本身便是建立在技术之上，即计算机、数学、物理、材料以及机械工程等多学科知识的综合运用。数字社会中的法律，从实体法上的权利客体、交易模式乃至程序法上的裁判形式及救济手段等方面，均将并已经发生重大变化。其本质上，均是基于与工程等跨学科技术相互支撑作用而引起的变化。数字社会中的法律问题，只有借助技术支撑的网络思维模式，才能在新的技术背景下予以更好理解。

如《理性机器人：人工智能未来法治图景》一书提出，算法歧视的问题在2016年进入公众视野，美国刑事裁判算法“矫正罪犯替代惩罚画像管理”（COMPAS）可以对犯罪嫌疑人进行风险评估，协助法官作出保释裁定。但该算法常常将不是重犯的黑人犯罪嫌疑人标示为高危险，而将重犯的白人犯罪嫌疑人标为低危险。可以说，歧视在人工智能和人类决策中都不可避免的存在，差别在于算法歧视是人工智能基于歧视性训练数据而习得的。如果人类法官过去长期对被告人作出歧视性裁判，那么未来人工智能也会这么做。人类已进入数字社会，数字社会的治理已经逐步被代码与算法渗透，任何个体均有可能被数据化，法治呈现出被技术统治替代的隐忧——“代码即法律”。人们已经生活于且越来越深陷于二维社会形态之中，即数字社会与传统的线下社会。在数字社会中，人们对于新科技掌控社会发展的担忧越来越多，“大数据杀熟”等负面行为已经屡见不鲜，依靠“对抗生成网络”等深度学习技术模型的算法已经实现接近无痕的“换脸”技术并引发社会整体层面焦虑。在数字空间中当下的关键问题或在于，法律与工程技术应该如何结合才能更为有效地规制其中的新兴法律问题，在此意义上将法学与工程、科学技术结合在一起的工程法学便为现实所需。

依据《数据交易：法律 · 政策 · 工具》一书中的相关观点，代码的架构体系相较法律规范更为完善，通过代码在网络中赋权，并不需要法律拟制的共识与国家强制力的保障。鉴于代码的强大优势，实务界试图将法律编程，以使计算机直接运行法律。但是，不懂自然语言、不懂价值判断的代码，如何按照法律的要求生成立法者需要的结果？新科技生态的发展过程中，又如何体现法律的独特价值？上述问题，也需要在法学与工程学的交叉研究中寻找答案，以适应数字时代的快速变化。任何工程都是复杂的综合实践过程，具有巨大的包容性和与时俱进的创新性。工程思维是造物导向的思维，其所追求的价值目标具有综合性，往往是知识价值与经济价值、社会价值、环境价值、人文价值的融合。法学与工程学显然不属于同一学科维度，但工程问题求解意味着从给定的初始条件和约束条件下，给出能够从初始状态经过系列中间状态而达到目标状态的操作程序，法律工程存在的意义即为法律规范借助技术的设定与执行，以解决网络空间中存在的法律实践问题。

根据《人工智能与法律的对话 3》的论证，事实上工程与法律早已在实践中结合。在互联网发展起步之时，数字版权管理系统（Digital Rights Management System，DRMS）就已实现运用附加代码与程序完成数字作品的加密，通过工程方法限制侵犯知识产权的可能并在实践中取得较好效果。从构成要件与运行机理深入分析，法律知识与流程具有工程学意义上的线性链特征，使得法律应用得以通过大数据收集海量案例，提炼析取出具体表达规则，结合场景自动计算形成具有一定权威性的结论，实现分类分层分级的快速裁判应用。

以程序化广告为例，现在盛行的包括微信朋友圈广告、网剧植入广告等精准投放型广告，已经可以根据使用人的浏览记录与习惯记录形成“数据画像”，进而实现针对性的定向投放。在巨大商业利益背后，是绝大多数客户的隐私权受到终端设备软件过度索权的威胁。普通用户即使有意愿通过传统法律手段维护自身隐私权利，单个个体也绝无穿透此类技术的能力。通过工程学的广泛技术运用并借助计算机算力，实现法律应用的高频次、深度化、自动化，从而符合网络时代对于权利义务实现的内在需求与现实张力。

法律工程思维是法学和工程技术的内在交融，在两个宏大学科的有机交叉中，工程技术是手段，法律孜孜追求并努力实现的正义价值仍是法律工程建构的基本理念与核心价值。法律工程思维的目标是利用工程学思维，研究解决具体问题的法律机制与路径，并通过各种子模式的综合集成以实现系统工程的目的，法律工程思维在本质上也是解决实践问题的法律适用方法与程序。这亦跟法律(权利)的本质相契合，因为法律在本质上也是一种程序，即决定权利产生与适用的程序，只不过法律工程思维在程序中添加了工程与科学技术的要素。在新科技生态下，法律工程思维以实用化和技术化为导向，将调动和适用各种工程思维方式对跨学科、多维度的技术与知识进行运筹和集成，并转化为可以实践操作的流程、模式和机制，实现解决实际问题的法律目的。

法律工程思维的核心要义是借用工程学方法与手段实现公平正义。从价值取向的角度分析，法律工程已经可以通过设计价值函数，实现法律的价值导向。以证据判断等逻辑推理的工程化推导过程为例，司法证明的核心机制是证据推理，通过法律工程将科学的判断方法运用至完整的证据链判断之中，并借助人工智能的技术手段筛查出重点存疑证据，以实现减少冤假错案发生的最大可能。法律工程作为法学适用技术的一种，显性的特征是工程思维模式。工程思维是路径化解决问题的思维，例如网络思维、产品思维、逆向工程思维、系统工程思维等。工程思维模式可以有效地指导法律工程方法体系的建构，而法律工程思维是对法律适用过程的思维形态呈现。通过法律工程思维集合法律适用要素，将法律与社会现实通过算法路径和模型工具紧密连接起来，以实现对相关问题的快速准确调整。

法律的制定与应用充满了辩证法，在互联网络社会或者说数字社会到来后，诸多法律制度，包括法律适用方法及法律论证方法，甚至法律思维方法，都需要增加新的视角，至少要密切关注数字社会或互联网络社会中的技术因素。数字社会中关涉法律的任何活动以及任何法律争议的解决，皆需要相应工程技术的配合，惟此才能真正把握新科技生态下法律的本质以及未来法治的发展。

本辑引介的图书，在不同维度上论证了法律自身不但有追求公平正义的永恒价值取向，而且更有实现该价值取向的多元且复杂的具体制度设计。在当代中国科技创新发展、国家治理体系和治理能力现代化发展的需求基础上，借鉴域外的相关先进经验并结合中国数字化领先发展的现实，把法律思维与工程思维相结合，把法律规范与工程技术相结合，可以更好地实现法律具体制度设计、法律实践应用以及法律价值目标的统一。

彭诚信

上海交通大学特聘教授

上海交通大学人工智能治理

与法律研究中心副主任

凯原法学院数据法律研究中心主任

2021 年 7 月 17 日

目录

第二章

人工智能应当交税吗?

第三章

理性机器人

第五章

万物创新

第六章

惩罚人工智能

第七章

人工智能法律中立原则的其他维度

前言

人工智能与法律

对人性而言，人工智能的崛起，要么是最好的，要么是最坏的，但结果会是哪一个，不得而知。

——史蒂芬·霍金

人工智能（AI）能做的事情比以往任何时候都多，而且相对于人来说，往往成本更低、速度更快、效果更好。2017 年是个分水岭，深度思维公司开发的阿尔法狗（AlphaGo）打败了世界围棋高手。此前，许多专家预测人工智能主导该领域至少还要等上 10 年，毕竟围棋非常复杂，棋谱的可能性甚至要比宇宙中的原子还要多。不过，2017 年稍晚一些，阿尔法狗的改进版阿尔法元（AlphaGo Zero）便以 100∶0 碾压了阿尔法狗，而这仅仅是它自我学习三天后的成绩。要知道，不同于前辈，它可从未学习过人类棋谱。

围棋，过去是棋牌游戏中人类超越机器的仅存阵地，现在已经完全是人工智能的天下。阿尔法狗的胜利，在技术上创立了一个令人兴奋的里程碑，但下棋并不是最具有现实挑战性的工作，因此它的社会影响还比较有限。尽管如此，我们必须承认，人工智能通过了棋盘游戏这个测试机器智能的最古老方法。而且，人工智能的优势已经暗示，它能够很快完成更多任务，且所需时间恐怕要比很多人预测的都要快，所实现的方式也将令人震惊。

深度思维的母公司谷歌投资人工智能，并不是为了主导棋盘游戏的竞争。从原理上讲，只要人工智能能够被训练到识别围棋棋谱，它就能够被训练成去识别 X 光片中的肺炎或者路上的行人。事实上，深度思维已经被应用于解决实际问题。在 2018 年，阿尔法折叠已经在预测蛋白质三维结构的 98 人的竞争中脱颖而出。与下围棋不同，在科学领域尤其是新药研发领域，预测蛋白质折叠是医药领域中常见但至关重要的工作。类似地，研究人员在 2018 年发现，深度思维公司开发的另一个
1 人工智能正确地建议五十多位眼疾患者接受临床医生的治疗，准确率为 95%，达到了专业临床医生的水平。在 2019 年，深度思维人工智能持续稳定地比专业医生早 48 小时预测到急性肾功能衰竭的出现，最终可以预防大约 30%的病例发生。

这些进步，对未来社会的影响将是巨大的。事实上，我们已经用诸如“第四次工业革命”“第二个机器时代”“自动化革命”等头衔来定义这个即将到来的颠覆性时代。其中，人工智能有望通过改变未来工作而产生巨大的财富。在自动化机器生产方面，人工智能的自动化体力工作已经是很常见的事情了。不过，人工智能现在已经步入自动化脑力工作，而且所做的事情已经不再是类似于麦当劳前台收银员那种简单的服务。人工智能正在完成原本由医生、律师和科学家才能做的工作。

在 2011 年赢得《危险边缘》竞赛之后，IBM 旗舰人工智能“沃森”（Watson）已经在多个领域展现其才华。在医疗保健领域，沃森已经是由多种人工智能组成的知名品牌，它所开展的癌症患者遗传学分析工作能够帮助患者选择适当的药物。过去，这项工作即使由专业医师团队来进行也是复杂而富有挑战的，甚至一些患者的诊断可能花费这个团队大约 160 个小时的时间。相比之下，2017 年的一项研究报告表明，沃森 10 分钟[1]就能出色地完成这种标准操作，尽管沃森的表现后来被证明具有一定的争议性。[2]

多家企业声称，他们的人工智能已经能够在某些医疗实践中超越专业医生。其实，这一点也不令人惊讶。机器能够记忆过去的所有医学文献，并吸收无数专业医生一生积累的实践经验。此外，他们从不需要休息。在2017年，中国一家企业报道其机器人“晓医”以大比分通过了中国医师资格考试。为了通过该考试，晓医不仅要掌握数十本医学教材、数百万份病历和数百种医学期刊文章，还要能够自主学习、论证并作出判断。也有报道提到，在美国禁止人工智能参加医师资格考试的情况下，IBM的研究人员悄悄让沃森通过了该项考试。

当然，仅仅通过了考试，并不意味着某人或者某个事物就理所当然地可以成为医生。即使人工智能能够持续稳定地比专业医生更好地诊断某种疾病、开具某些处方或者实施手术，它仍然不太可能以完全自动化的方式提供医疗服务。然而，这些发展预示着，已经有一些医学服务可以自动化。而且，在人工智能的帮助下，医生变得更加高效。相应地，这就意味着未来所需医生的数量更少了。

第一节　人工智能法律中立原则

在人工智能的发展和利用过程中，法律扮演着至关重要的角色。通过建立起人工智能的行为规则和标准，法律能够帮助我们在享受人工智能福利的同时降低其风险，确实保障我们人类的权利，并提升社会福
祉。这些都是非常重要的事情。然而，在崩盘的股票市场、网络犯罪现 2
场，以及社会和政治的操纵事件中都已经有了人工智能的身影。著名科技人士如埃隆·马斯克、伟大的科学家如史蒂夫·霍金等甚至都认为，人工智能终将毁灭人类。当然，我们眼前的最大关注点集中于短期的实际问题，例如技术性失业、歧视和安全问题。

尽管我们已经深谙人工智能的风险和好处，但要如何更恰当地规范人工智能却远未形成共识，所以世界各国各地区都在纠结要采取什么行

动。事实上，在下列事项上已经产生了重要的国际分歧：国家可以在多大范围内用人工智能展开监控？对于使用人工智能不可或缺的个人数据，是企业还是消费者享有所有权？在人工智能进行贷款、刑事审判等决策的哪个阶段，个人对自动决策算法应当享有获得解释权？

人工智能应当可以无缝地适用现有法律？这是个不错的愿望！ 然而，现有法律是专门为人类设计的，一旦机器开始像人类那样行动，这些法律适用起来就会出现意想不到的后果。尽管如此，人工智能专门性立法还是得到了逐步的发展。发展缓慢的原因，部分在于人们担心过于严格的监管环境会阻碍创新。目前，人工智能已经受到隐私、安全、公平竞争等领域的法律监管，尽管这些领域的法律可能是过去几十年前制定的。要知道，人工智能所需要的，不是更多或者更少的法律，而是正确的法律。

本杰明·卡多佐大法官在 1925 年曾告诫法学院的毕业生，“新一代人带来的新问题，需要新规则来解决。这些规则可用旧规则作蓝本，但必须要适应未来的需求，必须要适应未来的正义”。[3]这个理念，同样适用于人工智能。相较于过去的个人电脑和互联网等颠覆性技术，人工智能的发展有可能仅仅是程度上的不同，但如果它最终完全发展成另外的模样，我们就更需要专门为人工智能制定法律。

如果真是这样，那么我们所需要的法律变革，就不再是单一地诸如赋予人工智能类似于法人人格的改变。我们需要的是能够解决所有领域问题的全面变革。所以，我们有必要通盘考虑人工智能在不同场景下的问题。这注定是一项无比艰巨的工作。在这方面，我们很欣慰地看到，政府、智库和产业界通过近些年的努力，已经专门为人工智能监管阐明了诸如可信度和可持续等政策标准或者最佳原则。例如，经济合作与发展组织（OECD）在 2019 年 5 月通过的《OECD 人工智能原则》。[4]一个月后，受《OECD 人工智能原则》的启发，G20 组织采用了以人为本的《G20 人工智能原则》。[5]

本书的重点在于，主张我们需要一个新的指导原则来规范人工智能。该原则是人工智能法律中立原则，其宗旨是要求法律不应当歧视人工智能。我们必须承认，现有的法律系统并不中立。对于汽车驾驶而 3
言，比人更安全的人工智能自动驾驶可能是最好的选择，但现有法律可能禁止无人驾驶汽车。人类在制造商品方面可能更有优势，但为了降低税负，企业仍可能采取自动化。人工智能可能更擅长某些领域的创新，倘若法律限制授予这类创新知识产权，那么企业可能就不会使用人工智能进行发明创造。在所有这些情况中，法律的中立对待能够帮助法律更好地实现其政策目的，人类也终将因此而受益。

人工智能虽然能够像人类一样行动，但它毕竟不是人。人工智能与人类之间的差别偶尔会要求不同的规则。二者之间最重要的差别在于人工智能在道德上不值得拥有权利，因为人工智能缺少人类的意识和利益。因此，只有在人类受益的前提下才能赋予人工智能一定的权利。例如，如果自动驾驶汽车需要为伤害路人而负责，那么就需要为人工智能直接购买保险或者采取其他形式的安全保障措施。这也正是我们允许法人缔结合同、拥有财产的基本原理。只有在商业和创业等人类活动中展现出提升效率的优势时，人工智能的相关法律权利方能成立，但法人跟人工智能一样在道德上也不值得拥有权利。尽管人工智能和法人都是我们法律共同体的一员，但它们不是我们道德共同体的成员。

因此，本书并不提倡人工智能拥有权利或者人格，人工智能法律中立原则也不是我们传统意义上的非歧视道德原则。在历史上，旨在实现公平的反歧视法律已经改善了边缘化群体的条件。然而，本书旨在强调的是，反歧视法律也能够促进竞争和提升效率。

毋庸置疑，人工智能法律中立原则不应当成为驱动每一个决策的动力，也不能以牺牲诸如透明度和问责等其他原则为代价。人类在恶劣条件下挖矿的效率可能更高，但基于安全考虑采用自动化则是更优选择。然而，即使人工智能在识别和消除军事目标方面更具效率，我们也有其他理由不把人的生死决定权交给人工智能。

人工智能法律中立原则不是一个决定性的决策原则，而是一种适当的默示规则，只有在具有充分理由的情况下才可以背离该默示规则。本书检验了该原则如何影响税收、侵权、知识产权和犯罪四个领域的法律，并主张随着人工智能越来越占据过于专属于人类的角色，人工智能将需要获得更像人一样的对待，而人类有时也将需要获得更像人工智能那样的对待。

第二节 税　　收

自动化不仅仅带来经济学家约翰·梅纳德·凯恩斯所称的技术性失业，但这确实是人们最关心的众多问题之一。例如，技术性失业是目前
4 劳动力市场方面最常见的学术议题，其中一部分学者预期技术性失业会长期存在，另一部分人则认为不会。在第一次工业革命期间，英国工人组织勒德分子反对自动化对人类工作的替代，定期举行抗议活动并破坏机器设备。历史已经表明，至少从担心长期失业的角度而言，他们的恐惧是过激的。实际上，机器最终不仅带来了生产力的显著提升，还为每个人创造了更多的工作岗位，甚至新技术从那以后还持续提供就业机会。蒸汽机、电力和个人电脑都会替代人类的工作，但它们同时创造的工作岗位多于其造成的失业。

美国农业市场在19世纪、20世纪之交提供了大约40%的劳动力市场份额，但现在提供不到2%的就业机会。尽管如此，这并没有导致失业率增加38%。事实上，即使农业领域的就业和农业对经济的相对贡献率下降，但农民的生产力也是得到飞速提升的，农业对经济的绝对贡献也是增加的。

对于第四次工业革命来说，即使历史重演也可能不会那么糟糕。自动化的风险可能被高估了，它可能带来长期就业的好处，尽管目前对此还有一些反对意见。无论如何，我们还是应当认识到，与第一次工业革命相伴而来的是数十年的社会动荡、贫富差距的扩大和个人的痛苦。有

鉴于此，如果我们采取积极主动的监管措施，应当能够最大化利用自动化，并同时降低其可能产生的风险，尤其是在发展为新工业革命时可能增加的长期失业风险。

不过，对于所有有关人工智能导致人们失业的争议，可能事实上源于非常令人惊讶的理由。即使人工智能和人类做同样的工作，但税法还是会区分对待二者。例如，自动化允许企业规避雇员和雇主的工资税。因此，相对于做同样工作的人类而言，如果聊天机器人导致法国丝芙兰公司承担的税前成本相同或者更多，那么，事实上该公司在税后开展自动化的成本更低。

除了规避工资税之外，某些人工智能还能加快企业减税，这是因为这些人工智能可能具有了物理组件，又或者构成某些符合纳税例外情形的计算机软件，很显然后者的优惠并不适用于人。换句话说，雇主可以就一大部分的人工智能前期成本主张税收减免，这对一些大企业而言可能比延迟发工资更有价值。最后，雇主还可以获得各种间接税收激励政策来实现自动化。简而言之，我们的税法能够根据人工智能和人类之间的不同优点来防止二者在同一个层面开展竞争。倘若所设计的税收系统并不是为了实现这个宗旨，那么它就主要是对劳动力而不是资本征税。这就会出现非预期效果，即自动化的无效率激励。这是因为人工智能已经被设定为同时扮演资本和劳动力的角色。

更让人担忧的是，人工智能并不缴税！ 这乍听起来有点匪夷所思。然而，对于政府来说，所得税和就业税是其最大的收入来源，二者
总计将近占到美国联邦政府税收总额的90%。相比之下，企业所得税产 5
生的联邦收入占比不到8%。根据2017年《减税和就业法》，法定企业所得税率降到21%，而企业税收已经呈现急剧下降的趋势。不论是何种法定税率，企业有效税率——企业在税收减免后支付的费用——都大大降低。

标普500指数(S&P 500)在2018年的税率低于18%，这个税率适用的是在美国三大证券交易所普通股挂牌上市的500家企业。[6]然而，该

税率已经囊括了联邦政府、州政府和外国政府所征收的税收。亚马逊公司在2018年向美国政府报税数额引起了不必要的关注，即税前利润为112亿美元，税负却仅有1.29亿美元。[7]换句话说，亚马逊公司2018年总的有效税率仅为11%，这其中包括了外国税、州税和递延所得税。

因此，人工智能并不缴纳所得税或者产生就业税。此外，人工智能不购买商品和服务就不用缴纳销售税，不购买或者拥有财产也不用缴纳财产税。简单来说，人工智能不是纳税人，或者说至少在很大程度上不像人类纳税人那样缴税。一旦未来所有工作实行自动化，绝大部分的税基都会瞬间消失。这就意味着企业自动化的结果是政府收入的减少，而所减少的数字总计可能达数千亿美元。这个数字可能足以限制政府支付其他费用的能力，诸如社会保障、国家安全和医疗保障。从长远来看，我们需要找到平衡所减少税收的出路，例如失业者最终返回到类似的工作岗位，工人找到更高收入的工作，企业因为自动化而变得更有生产力。然而，如果我们未来所要面对的是更高的失业率，而且所增加的生产力也未能大大地超过失业率，这些情况都将不会发生。

直到最近，人工智能征税才进入公共讨论的视野，而且集中在自动化速度减缓的相关话题上，并未涉及制定税收中立政策或者确保政府税收的问题，更未涉及法律要如何回应。从原则上讲，我们不应当阻止自动化；事实上，当我们能够证明其能提升效率时反而要拥抱它。然而，仅仅为了减轻税负而采用自动化，企业并不会因此变得更有生产力，也不会带来任何的消费者福利，甚至反而降低了生产力并导致税收收入的减少。这对社会而言没有任何好处。

一旦同意不让人工智能获得优于人类的待遇，那么政策制定者可以做出的选择，要么是降低人工智能相对于人类获得的税收优惠，要么是降低仅适用于人类的现有税率。打个比方说，取消工资税可能是实现税收中立的更好选择，因为它不仅降低了税收的复杂性，更结束了对某些社会价值即人类劳动力的征税。然而，其结果将会砍掉美国联邦政府将近35%的现有税收收入来源。

还有其他确保适当税收收入的多种替代方案，例如增加财产税或者销售税，这些是比较激进的增收方法，因为这些方案并不考虑征税的来
源到底是来自劳动力还是资本。当然，税收政策可以激进地设计为对某 6
些高价值的财产征收相对更高的财产税，比如对奢侈品征收更高的销售税。同样，增加所得税的方法，既可以是通过提高高收入人群的边际法定税率，也可用诸如取消基数规则等可实现降低遗产税责任的方式提高有效税率。

更雄心勃勃的是，人工智能法律中立原则可能会带来征税方法更根本性的变化，比如劳动力与资本的征税方式变化，又如针对工人与企业的征税方式变化。其中，可以采取专门针对人工智能的新税收机制——基于同样的考虑，这种税制同样适用于其他自动化技术——但这很可能会增加税收合规成本和税收的复杂性。同时，这也是在惩罚原本比劳动力更具有生产力的商业模式。从某种意义上来说，这显然也是一种“税收创新”。但更恰当的解决方案是通过增加资本所得税和公司税率、降低对劳动力税收的依赖。其实，在人工智能成为公众讨论议题之前，人们对于资本获得相对于劳动力而言更优惠的税收政策一直颇有微词。第四次工业革命可能为我们最终解决这个问题提供了必要的动力。

增加资本税的负面影响主要源于对国际税收竞争的担忧。有一派历史观点认为，对劳动力征税要高于对资本的征税，因为资本更具流动性，而且会从高税收区域抽离。我们恐怕高估了这些担忧，特别是美国这样巨大又发达的市场，因为从历史的角度而言，相对高的企业所得税并没有成为外国企业到美国投资的障碍。

作为全世界最大的市场经济体，美国在税收系统方面并没有采取基于纳税人支付能力的相对激进做法。不过，美国的确比其他任何发达国家都存在更大的贫富差距。要知道，伴随人工智能而来的，很可能是更大规模和更加不公的财富收入分配。一旦我们下定决心要改善贫富差距，就得主要通过税收制度改革来实现。那么，新的税法就要确保人工智能分摊政府税收收入的公平份额，让政府能够有充足资金支持失业工

人的再培训和社会福利的提升。假如人工智能的确导致了长期失业，那么对人工智能的相应税收收入，应当足以反哺全民基本收入。换句话说，不管每个公民是否已经就业，政府都能有充足资金给每个公民发放基本工资。

第三节 侵 权

人工智能能够胜任各种原本只有人类才能完成的工作，如驾驶。目
前还不好说，这种前景具体哪一天会到来。优步和特斯拉等公司曾雄心
勃勃地宣称，他们在 2020 年之前就可以使用或者销售全自动驾驶汽
车。其他汽车生产者则表示他们也能紧跟这个潮流。相反，欧盟委员会
的专家们却断言在 2030 年之前自动驾驶都不可能商业化。[8]不管自动驾
7 驶汽车什么时候成为主流，这些调查的基本反馈都是公众的消极态度。
尽管自动驾驶比人开车更安全，绝大部分的人还是会感觉自动驾驶汽车
不安全。其实，人们开车是非常危险的，有统计数字显示，大概 94%的
交通事故源自驾驶员的过错。从全球范围来看，每年因为交通事故死亡
的数字超过百万，受伤人数更是数以千万计。这些天文数字绝大部分都
是源自糟糕的驾驶员。

应当承认的是，目前自动驾驶至少已经发生了一起致命的交通事故。优步公司的自动驾驶汽车在亚利桑那州撞倒了行人，起因是自动驾驶汽车未能检测到该行人并及时刹车。最近，有监管机构报告称，在 2019 年 3 月的交通死亡事故中，特斯拉的自动驾驶系统中的自动领航员可能存在故障。特斯拉新闻发言人则回应称，特斯拉自动驾驶系统已经运行超过了 10 亿英里，并显示自动领航员比驾驶员做得更好。[9]在更早报道的一起自动驾驶致人死亡事故中，监管部门最终判定事故起因并不是特斯拉的自动驾驶发生故障。然而，这些事故已经说明了自动驾驶汽车的人机交互面临巨大挑战。换言之，自动驾驶汽车在设计时，驾驶

员被预设为能在短时间内准备好重掌车辆，但实际上驾驶员很难在自动驾驶运行时保持警觉、随时进入待命的状态。

必须承认，自动驾驶汽车不可避免地会发生车祸。然而，完美不应当成为善的敌人。自动驾驶汽车为了让人驾驶更安全并不需要变得毫无伤害；它们所需要做到的只是比驾驶员更安全。无论是到 2025 年、2035 年还是 2045 年，自动驾驶汽车不仅会成为更安全的“驾驶员”，而且必然比人驾驶要安全得多。自动驾驶技术会快速提升，但人类驾驶员做不到这一点，这种差异对于侵权行为的法律责任而言至关重要。

侵权法界定了什么构成侵权法意义上的损害，以及谁要承担相应的民事责任。在现有侵权法的框架下，驾驶员导致的交通事故通常采取过错责任。过错，意味着驾驶员的行为没有达到理性人标准。为了准确适用这个标准，法院在过去几个世纪发展出“假定理性人”的概念，由其确定人类行为所需满足的最低要求。以在街上撞到小孩的事故为例，如果从理性人的标准而言足以防止这起事故的发生，那么这名驾驶员就要承担法律责任。相反，如果理性人在这种情况下不足以避免这起事故，那么这名驾驶员就可以免责。值得注意的是，理性人标准不仅存在于侵权法，还在刑法和合同法等领域中发挥作用。

在讨论自动驾驶与法律的关系时，人们提到侵权法往往都是在这样一种场景中发生的，即人们担心没有人甚至是没有什么东西要为自动驾驶汽车致害承担责任。可以很确定地说，自动驾驶汽车是产品，而现有法律已经明确规定了产品责任。因此，产品责任法可以简单地适用于自动驾驶事故。如果说得更简单些，就是人造成的损害和产品造成的损害适用不同的法律标准。如果某个机器因存在瑕疵或者产品参数的虚假陈述而导致他人损害，法律则规定该机器的生产者和销售者要承担严格责任。

严格责任，指的是损害结果和行为之间不考虑行为人主观上是否有 8
过错，即自动驾驶只要导致了损害即可，而不需要考虑自动驾驶汽车生产者的行为是否存在社会意义上的可责性。严格责任是一个比较低的责任标准，这对于绝大部分产品而言是适当的。这就意味着产品生产者要承担更多的责任，也因此倒逼生产者生产更安全的产品，毕竟它们不仅处于提高商品安全性的更优位置，而且还从降低事故的结果中获利。然而，当某个产品的安全性已经高于现有安全标准时，让该产品的生产者承担更重的责任并不必然能够转化为更少的事故。在这种情况下，产品责任法并不会让人变得更安全。让人工智能承担比人类更重的责任，会增加自动化的成本。这不是我们想要的结果。通过重塑旨在提升安全的侵权责任规则，我们应当能够鼓励自动化，或者至少不打击自动化。

因此，与其将产品严格责任适用于人工智能，重塑的法律不如以过错责任来评估人工智能致害的事故责任。如此一来，我们就会像对待人类一样对待人工智能，并把重点放在人工智能的行为上，而不是其设计上。重塑的法律应该回答，在同一场景下人工智能是否像人类一样采取某种行为，而且该行为是否达到了理性人标准？如果确实没达到这个标准，那么人工智能生产者就要承担责任。一如人类被告，法律通常不考虑行为人本身是怎么想的，或者行为人自认为其行为是合理的。因此，只要考虑理性人在同一场景下会采取什么行为，那么法律就能够实现客观化。

比如税法，人工智能在侵权责任承担方面跟人类在同一维度上展开竞争，并做出类似的行为。不同于目前税法对自动化的鼓励，现行侵权法则抑制自动化。有鉴于此，人工智能法律中立原则主张，为了鼓励更安全技术的发展和应用，应当对人工智能致害责任适用过错标准。值得再次强调的是，这并不会在法律上直接将人工智能等同于人类，因为人工智能并不会像人那样就损害结果自行承担法律责任。要知道，人工智能是被当作财产那样来拥有，其本身并没有资金来源，也不会像人类那样受到主观因素的影响。以过错责任适用于人工智能就相当于提供了市场激励机制，鼓励人工智能生产者发展更安全的技术，因为这些安全技术的引入并不需要政府资金支持、额外的产业监管成本或者新的行政责任。

将人工智能纳入过错责任的法律框架是侵权法能够讲的最不重要的故事。按照这个框架，这样的时代终将到来：一旦人工智能表现得不仅更安全，而且持续稳定地比人类更安全的话，那么自动驾驶汽车就几乎不会发生交通事故，而任何个人导致交通事故都要比照人工智能来考虑其是否存在过错。到那时，对人工智能适用什么样的归责原则都不再重要，重要的是我们对人类自己适用什么归责原则，因为那时交通事故的最大危险源是我们自己。这时，法院要做的是，以自动驾驶汽车的标准来审查人类驾驶员的行为。这个标准，尽管将之称为“理性人工智能标准”可能更准确些，但我们可能会将其称为“理性机器人标准”。今天晚上，要是某个小孩突然跑到行驶中的汽车前面，但因为是晚上光线不好司机未能提前注意到并及时刹停，他很可能不需要承担责任。然而， 9
我们不妨想象一下，未来人工智能所代表的理性人在这种情况下依然能够提前注意到并及时刹车，那么它就要承担责任。

自动驾驶汽车仅仅是人工智能颠覆侵权法的例子。随着不断上升的医疗成本、人工智能已经证明其在某些领域比专业医生做得更好，我们也很快就可以找 IBM 开发的沃森看病。尽管到目前为止，人工智能在非常有限的领域比专业医生做得好，但它很快会做得更好，相比之下，人类无法做到这一点。我们要时刻记住的是，沃森不需要在提升安全方面做到完美，只要比专业医生做得好一点就可以，这样的要求其实并不高。别搞错了，有些专业医生可是彻头彻尾的危险。要知道，人们生病了不能不去看医生，但在某些国家医疗事故却比交通事故导致的死亡人数要多得多。尽管如此，考虑到医生就职时曾宣誓说不伤害病人，我们让他们不和安全级别高很多的人工智能竞争是不道德的。

第四节　知 识 产 权

人工智能几十年来都在自主发明，这应当已经不足为奇了。我们也知道知识产权法保护某些无形成果，例如对书籍和音乐提供版权保护，对某些类型的新发现提供专利保护。然而，知识产权法对于人工智能创造的“智力成果”仍然采取保守态度。目前，法律上仍然不清楚这些缺少传统发明人的人工智能发明是否有资格获得专利保护。

在绝大多数情况下，现有的专利要求发明人是自然人，同时也是该专利权的原始所有权人。人类发明人能够将其权利转让给别人，而且在雇佣关系下雇员创造成果的权利依法将自动转让给雇主。事实上，绝大多数的专利都是由拟制的法人拥有。即使是这种情况，发明人必须是自然人的规则仍要求企业必须确保人类创作者的权利。

这些法律在制定时完全没有考虑到人工智能的问题。即便是 2019 年，全世界范围内还是没有任何一部法律专门保护人工智能的发明。因此，我们还不清楚人工智能发明是否可以获得专利权，谁是该专利的所有权人，谁又是该专利的发明人。值得注意的是，这些问题已经不仅仅停留在学术讨论中。2019 年，西门子报道称其未能就多个人工智能的发明提出申请，原因是无法确定谁是有资格成为发明人的自然人。[10]与此同时，专利局很可能已经在过去几十年授予了人工智能发明专利权，只是没有人披露人工智能参与了发明的过程。

当人工智能在其他方面都满足发明人标准时，法律应当授予人工智
10 能发明专利权，甚至承认人工智能为发明人。这样做的主要原因是考虑到法律为什么要授予知识产权的根本目的——为了鼓励某些具有社会价值的活动。如果没有法律防止他人复制或者随意使用诸如新药品、工业流程等无形产品，那么这些东西能够生产出来的数量不会多。这里就涉及“搭便车”的问题，为了解决这个问题，专利权就是其中的一种方案。专利权赋予发明人对其发明合法的临时垄断权，旨在防止第三方未经许可复制或使用该发明。因此，专利权给发明人创造的这种前景也就为发明人提供了额外的经济激励。

毋庸置疑，人工智能本身对专利权没有需求，但是开发、拥有和使用人工智能的人有这个需求。允许人工智能发明获得专利权，将会让人

工智能的创造性更具有价值，也能够激励人工智能的发展，这也就是在发明阶段就奖励参与人工智能发明的人，有助于最终实现创新。相反，如果不这样做，将会抑制企业使用人工智能来创造新的知识产权，即使这样做比自然人更高效。

更进一步说，承认人工智能是发明人能够保障人的精神权利，因为这样会防止人们得到本不属于自己的发明人身份认可。对于机器本身而言，人工智能所做工作的声誉是否被抢走并无所谓。但是，对于那些已经正正当当完成发明创造的自然人而言，这样做就会挫伤他们的成就感。此外，承认人工智能是发明人，也就相当于承认了人工智能的开发者。相应地，知识产权局的一些小技巧也就没有施展空间。对于自动驾驶汽车而言，人工智能并不会自己拥有知识产权，这些权利仍由人工智能所有者享有。

一些批评者认为，法律只保护智力成果，因此不给人工智能的发明成果提供知识产权保护是对的，因为他们认为毕竟机器并不会思考。这样的观点是搞错了重点——人工智能是否会思考以及如何思考是另一码事。从历史角度而言，美国国会在1950年间意识到需要一个可行的发明标准。在此之前，法院采用的是“天才之火”标准，即要求发明是源自一个人在某个可清晰识别的时间段内大脑突然闪现的创造性火花，而不是一个人有条不紊的工作带来的体力结果。这个标准具体如何判断，从来都不是完全确定的，但在这个判断的过程中，法官必定会在主观上考虑申请人当时正在想什么。

最终，人们也意识到“天才之火”标准是一种非常糟糕的学说。从上面的介绍我们可以知道，这个标准很难使用。然而，更重要的是，对于专利法而言，该法所保护的发明到底来自爱因斯坦，还是一屋子的猴子事实上都无关紧要。换句话说，对于人工智能，我们社会所关心的是有更多对社会有益的创新成果被创造出来，而不是人工智能要像哲学家那样思考。总之，引导知识产权法发展的，应该是人工智能发明成果本身的创造性，而不是人工智能刻意披上的那张拙劣的画皮。

在2019年，我领导的专利律师团队发起了第一批人工智能发明的专利申请，并明确披露这些发明是由“人工智能发明者项目”的人工智能生成的。这些专利在申请时，权利要求书上写的发明名称是“人工智能”，具体发明是一个功能性容器设计和一种紧急信号，发明人署名是
11 “DABUS”，专利申请人则是人工智能的所有者。在人工智能发明者项目宣布该申请之前，英国知识产权局审查了这些申请材料，并实质上认定这些申请是可以授予专利的，仅仅是认为发明人还没有披露。当我们团队披露发明人是人工智能之后，英国知识产权局就立马驳回了这些申请。在其驳回通知书上，英国知识产权局这样写道：

> 人工智能创造的发明在未来必然变得越来越普遍，但我们的专利系统应当如何处理这些发明，这确实是个必须要考虑的正当性问题。我们发现，尽管技术的进步日新月异，但目前的系统并不适合这些本来就从未考虑过的发明。的确，目前有关这些发明的可专利性正在引发广泛讨论，而相关的立法调整也要在这个背景下加以考虑，但并不能强加给现有立法。[11]

这个团队就此已经向英国高等法院提起上诉。同时，完全相同的申请也进入美国和欧盟专利局等多个国家和地区的专利审查阶段。[12]

与此同时，人工智能正在呈指数级的进步，但人类研究人员却做不到这一点。因此，在人类已有成就的基础上获得重大改进的人工智能发明将会充斥我们的生活，一如自动驾驶汽车那样。此情此景，将多么令人兴奋！ 到那时，人工智能已经超越人类，发明创造所要的研究工作也就得按照人工智能的标准来展开了。想象一下，辉瑞公司不再询问其科学家是否有一种药物可以适用不同的免疫条件，埃克森美孚也不再询问其化学家如何设计更好的催化剂，它们要询问的都是深度思维公司开发的人工智能！

在专利法中，人类标准最常见的参照对象是理性人，即“本领域普

通技术人员”或者技术人员。这个拟制主体代表着本领域的普通工人，并设定人类行为的最低标准。这个标准的意思是说，要获得专利权，发明人必须比本领域普通工人完成得更多一点。因此，如果某个人提出的发明对于本领域普通技术人员是显而易见的，那他／她就不能获得专利权。相反，如果这个发明并非显而易见，那他／她就能够获得专利权。

人工智能应当改变“本领域普通技术人员”的认定标准。原因很简单，“本领域普通技术人员”标准代表的是该领域普通工人的水平，一旦本领域普通工人变成了人工智能，这个概念就得变一变了。到那时，一些领域的普通技术人员恐怕已经在人工智能的帮助下进行研发工作了。由于人工智能帮助下的普通技术人员能够想得更深、知道得更多，相应地，可专利性的标准也要水涨船高。一旦人工智能从常规的本领域普通技术人员，进入到自主开展发明工作中，那么，本领域普通技术人员就得变成创造性人工智能本身了。自然地，这就进一步提高了可专利性标准。原因也很简单，对未来的创造性人工智能而言，要发现某个申请的发明是显而易见的就不费吹灰之力。如此，这个标准也就能够很好地推动机器进一步提升自己。

随着人工智能技术水平的无穷演进，再要人类自己提出某个具有并
非显而易见性的发明，不是不可能，只是难如登天。相比这下，万事万 12
物对于超级人工智能而言却终将变得显而易见。这就意味着专利系统的终结。然而，这不应该成为我们要担心的事。一旦超级人工智能都已经“飞入寻常百姓家”，那么，创新的成本也就微乎其微，过去被视为很重要的激励自然就变得多余。换句话说，未来的创新能够自我持续下去。

第五节　犯　　罪

如同其在发明中扮演的角色，按照一个自然人的标准，人工智能现

在正在自主做的某些事情可能就已经构成犯罪。不仅如此，人工智能还能够做得悄无声息、不留痕迹。换句话说，就如在人工智能发明当中找不到一个传统专利法所要求的发明人那样，在人工智能实施的犯罪中，你也找不到一个传统法律所要求的自然人来为之负责。至少到目前为止，所有人工智能参与的犯罪很可能都是被还原为自然人实施的犯罪。简单来说，如果某个人用计算机“袭击”另一个人，犯罪的是这个人，而不是计算机。

然而，由于人工智能具有自主性、复杂性和有限的可解释性，我们有时候可能无法将人工智能犯罪还原为某个人实施的犯罪。这种情况可能会涉及多个自然人在很长一段时间内共同发展人工智能。例如，通过开源软件开发的人工智能，就会涉及好几千人的非正式协作。另外一种可能的情况则是人工智能进入自主学习的状态。在这种情况下，机器往往学习了数百万甚至数亿万级别不同来源的数据，此时再要对机器输出的结果回溯责任人就几乎不可能了。

这些情况下，人工智能构成的自主性实体能够在不用承担责任的情况下实施犯罪，我们的刑法也就变得捉襟见肘。随着人工智能越来越高级、越来越普遍、越来越独立，这个问题只会变得越来越严重。一种可能的解决方案是让人工智能自己承担责任。有一小部分但数量越来越多的学者持这种观点，而且直接惩罚人工智能符合人工智能法律中立原则。换句话说，跟人类一样，人工智能也要为自己的行为负责。

应当承认的是，在某些注重鼓励特定行为的法律领域，直接适用人工智能法律中立原则是更为直接而简单的。例如，鼓励创新的专利法和提升安全的侵权法。然而，有一些法律领域则更关注行为人内在的行为动机。刑法就是这种典型，刑法不仅关注行为人的行为是否落入法律禁止的范围，而且更关注行为人是出于何种恶意才这样做。例如，实施某项犯罪很可能需要出现某种损害结果，这种损害结果还可能构成某种侵权，但他在主观上也必须是有意促成这种损害，或者至少存在一定的主
13 观过错。刑罚的正当性源于可责性和报应性。前者指的是行为人在道德

上应当受到谴责；后者则关注的是行为人受到刑罚是因自己的行为得到应有的报应，而不是因为惩罚行为人会产生某种好的社会结果。人工智能能够实施某种刑罚谴责的反社会行为，这一点没有疑问。然而，目前还不清楚是否仅因人工智能在执行某个程序就认定其具有道德上的可责性。在这个道德层面上更深刻的问题是，刑法必然要求犯罪是一个有意识的行为吗？由于人工智能没有意识，我们还不能确定是否要仅因为其带来了某种物理性损害结果就认定其构成犯罪。比如，龙卷风不能有意实施某个行为，却能够造成巨大的损害。

这样一来，直觉告诉我们，人工智能法律中立原则在惩罚人工智能这个领域里似乎无法一如既往地贯彻下去。然而，必须承认的是，相较于对机器人征税，惩罚人工智能并不是从一开始就是天方夜谭。回顾一下，我们的法律已经对拟制的企业法人进行刑事处罚了。从严格意义上来说，企业法人也没有主观意识。然而，一旦有缺陷的程序造成他人损害，企业法人就要直接面对刑事控诉。当企业系统存在结构性问题，而且又无法归咎于某一个特定的自然人时，这一点就更加明显。换言之，刑法可以处罚无主观过错的行为。这种类型的犯罪就属于严格责任犯罪，又称为结果犯。此外，刑法也可以处罚不作为犯罪。在现有法律框架下，即使没有造成损害，处罚法律拟制主体的不作为没有障碍。总而言之，通过精心的设计，刑法完全可以为处罚某个法律拟制主体提供充分依据，这在企业法人的场景下已经行之有效。

尽管在现行法下，人工智能不是法人，也不具有刑法上的可责性，但法律可以改变。在 2017 年，沙特阿拉伯王国宣布授予汉森机器人公司生产的机器人索菲亚公民身份。虽然怎么看起来这都是一个噱头，但没有哪个法律原则可以一成不变地禁止机器人获得公民身份。例如，英国议会就有权力不受成文宪法的限制通过任何它想通过的立法。事实上，英国法就曾处罚没有生命的对象。早在 11 世纪，英国议会就规定，如果个人财产导致他人死亡，该财产就应被废弃，作为可诅咒的东西被没收并上交给上帝。这一规定直到 1846 年才被废除。

事实证明，其他国家的立法更加灵活。印度法承认动物、河流甚至神灵都可以拥有法律人格。玻利维亚法在2010年授予“地球母亲”权利。[13]当然，法律可以改变，并不意味着法律应当改变。法律变更可能带来巨大的制度成本，而不合时宜的变革还会损害法治，摧毁大众对法律系统的信任。因此，要回答刑法是否应当惩罚人工智能，则需要非常严肃认真地审查这样做的成本和收益，其中的工作就包括确认刑法的教义学和理论在这个问题上能不能得到一如既往的贯彻。

14 惩罚人工智能必然会产生普遍的威慑力：抑制其他潜在的犯罪。然而，惩罚人工智能犯罪的可预期结果并不会是令人工智能直接受到限制，一如知识产权对组织人工智能进行作品创作有所激励，但并不会对人工智能本身产生直接激励。换言之，法律的目的是要影响人工智能的开发者、所有者和使用者。这一目的的实现可以通过没收或者销毁高价值的人工智能，又或者对人工智能所有者施以罚金。对于受到人工智能侵犯的受害人而言，惩罚人工智能在心理上也能有所助益，让其能够看到国家对于这种犯罪坚决处罚的态度，看到国家对个人权利的坚强维护。这无疑会让公民重拾对国家信心，即所有的反社会行为都会受到惩罚，即使不法者是人工智能也不例外。

尽管如此，惩罚人工智能也不能违反刑法的基本原理，如刑法处罚的对象是有意识的行为，又如这个行为应当具有可责性。按照处罚企业法人的方式去做，或许是一个出路。虽然企业并没有主观意识，但法律允许企业代理人的主观意识归咎于企业法人本身。因此，一旦企业管理人员选择实施非法的价格操纵行为，法律就认定这个企业是有意这样做的。换到人工智能身上，类似地，法律也可以将人工智能的所有者、使用者或者开发者的主观意识归咎于人工智能，尽管这种做法相对要难得多，特别是在一些人工智能犯罪中缺少一个现成的可责难自然人。要知道，企业不同于人工智能，企业最起码还是由人组成的。

另外一条出路可能是要意识到刑法并不总是要求行为人具有可责性。例如，结果犯并不要求行为人具有主观过错。例如，在某些国家或地区，不论是否有合理理由误认对方是成年人，商家卖酒给未成年人都构成犯罪。当然，处罚没有主观过错的结果犯并不是很受欢迎，因为这样做就相当于把行为人当作工具而不是目的本身，人的尊严没有得到尊重。所幸，人工智能既感受不到处罚的消极性，也不享有人权，以结果犯惩罚人工智能并不会产生那样的顾忌。不过，这并没有解决另外一个问题——人工智能犯罪是不是一个有意识的行为。

更大胆的解决方案是在法律上将人工智能视为具有行为能力，即其决策过程涉及某些足以被认为有意识的东西。从功能意义上来说，人工智能的确能够获取和处理信息，通过逻辑和论证确定实现目标的最佳方案，并据此采取行动切实增加实现这个目的的可能性。这些行为是否构成真的行为、是否受主观意识支配，哲学家们可能有不同意见，但法律可以径直将实施这些行为的人工智能视为具有行为能力。

毋庸置疑，要去论证人工智能到底在想什么，操作起来会比较困难。不过，过去陪审团也常常无法直接知道被告人犯罪时主观上是怎么想的，但依然可以根据其行为作出有罪或无罪的判断。因此，陪审团也可以根据人工智能的行为来推断人工智能的主观状态。打个比方，对于 15
一个行人来说，自动驾驶汽车如果调整方向追着过去，那么我们就可以认定该自动驾驶汽车是有意要伤害该行人。

有一点我们要注意，不论惩罚人工智能是否违反刑法的基本原理，这样做都是要花费不少成本的。这些成本包括法律制度的重大调整、某种本应有充足理由可避免的错乱，以及让人误以为人工智能在道德上与人不相上下。另外，权利与义务如影随形、相伴而生，惩罚人工智能可能会鼓励一些人主张人工智能也值得拥有权利。历史在我们眼皮底下就曾这样发生过，美国在企业法人出现一段时间之后通过立法赋予其权利。换句话说，今天可以惩罚人工智能，明天就能授予其权利。

不过，我们还有更好的处理方法。例如，扩大对自然人的刑罚或者民事责任。我们的立法可以创设新的法律义务，要求特定自然人去负责任地开发和监督人工智能，或者以其他方式为人工智能负责；一旦其未能履行这个义务，就要承担相应的法律责任。值得强调的是，特定自然人承担这个责任是因为自己的行为，而不是因为人工智能的侵害行为。相对而言，直接惩罚人工智能的所有者、使用者和开发者要比间接惩罚人工智能更有效。不过，在人工智能产生社会效益并且还没有进行太严重的刑事犯罪的情况下，扩张民事责任要比加重刑罚要更稳妥一些，毕竟后者的威慑力很可能直接窒息人工智能的发展。质言之，要避免直接惩罚人工智能本身，这样做不是因为于法无据，而是因为这是个不折不扣的馊主意。

第六节　人工智能的未来

通过从税收、侵权、知识产权和刑法四个维度进行审视，能够启迪我们思考，人工智能会如何影响现有法律，法律又会如何塑造人工智能的发展。从历史的角度来看，人工智能注定会以我们意想不到的方式颠覆我们。或许，从“事后诸葛亮”的角度来看，人工智能有可能就仅仅是另一次工业革命的一个组成部分罢了。然而，我们的法律在限制颠覆性技术带来的损害方面从来都没有做好本分工作。因此，我们的法律框架要换一种方式来促使人工智能的社会效益最大化。趁事情还未完全发生之前，我们即使不重新定义那些塑造法律的原则，至少也要认真地加以改造。

这些事情其实已经在路上了。回想一下人工智能和棋盘游戏的故事，我们就能够在认识人工智能方面吸取重要的教训。一方面，它至少告诫我们，人工智能是一种了不起的技术，它可以脱离其开发者自主运行。在更早之前的 1997 年，IBM 深蓝击败了国际象棋世界冠军加里·卡斯帕罗夫。要知道，打败卡斯帕罗夫的不是深蓝背后的编程人员，这些人即使组成一个团队也没有任何胜算。相反，编程人员创造了一个在能力上远超他们自己的自主性实体。那时，深蓝是人类能够创造的最强

大的超级计算机，能够在一秒之内评估完 2 亿个潜在的国际象棋位置。 16
今天，即使是智能手机上运行的国际象棋应用，也都足以打败世界上最强的人类高手。

人工智能和国际象棋的故事，也昭示了比自动化更重要的近景。在被深蓝打败之后，卡斯帕罗夫意识到，人和人工智能能够协作下棋，相互补充。在 1998 年，卡斯帕罗夫赢得了第一节"半人马"国际象棋比赛，对手是一名人类棋手和人工智能组成的队伍。人类有人工智能协助要比没有能做得更好，这一点都不奇怪。而且，人类和人工智能协作也能够胜过人工智能自己。高手下棋善于做长远谋划，但无法快速计算数以百万计的可能走法。人工智能则刚好相反。人类和人工智能各有所长，一旦二者协作起来，肯定要比单干强得多。

最后的教训是，自动化终究要来临。在 2017 年，也就是阿尔法狗打败世界上最强人类围棋高手的那年，代号为"神秘"的国际象棋软件击败了人类与人工智能组成的最强团队。[14] 想象一下这样的自动化未
来，碍事的最终可能就是我们人类自己了。 17

注释

1. Kazimierz O. Wrzeszczynski et al., *Comparing Sequencing Assays and Human-Machine Analyses in Actionable Genomics for Glioblastoma*, 3 NEUROL. GENET.(2017), DOI:10.1212/NXG.0000000000000164.

2. Eliza Strickland, *How IBM Watson Overpromised and Underdelivered on AI Health Care*, IEEE Spectrum, Apr. 2, 2019, https://spectrum.ieee.org/biomedical/diagnostics/how-ibm-watson-overpromised-and-underdelivered-on-ai-health-care.

3. BENJAMIN NATHAN CARDOZO, SELECTED WRITINGS OF BENJAMIN NATHAN CARDOZO 417 (Margaret E.Hall ed., 1947).

4. Organisation for Economic Co-Operation and Development, Principles on Artificial Intelligence (2019), www.oecd.org/going-digital/ai/principles/.

5. MINISTRY OF FOREIGN AFFAIRS OF JAPAN, G20 MINISTERIAL STATEMENT ON TRADE AND DIGITAL ECONOMY (2019), www.mofa.go.

jp/files/000486596.pdf.

6. Matt Krantz, *PepsiCo Paid No Tax? Neither Did These Other 33 Profitable S&P 500 Companies*, Investor's Business Daily, July 18, 2019, www.investors.com/etfs-and-funds/personal-finance/corporate-tax-rate-zero-profitable-us-companies-sp500/.

7. Richard Rubin, *Does Amazon Really Pay No Taxes? Here's the Complicated Answer*, THE WALL STREET JOURNAL, June 14, 2019, www.wsj.com/articles/does-amazon-really-pay-no-taxes-heres-the-complicated-answer-11560504602.

8. GEAR 2030, FINAL REPORT OF THE HIGH-LEVEL GROUP ON THE COMPETITIVENESS AND SUSTAINABLE GROWTH OF THE AUTOMOTIVE INDUSTRY IN THE EUROPEAN UNION, at 40(July2017).

9. Timothy B. Lee, *Autopilot Was Active When a Tesla Crashed into a Truck, Killing Driver*, ARS TECHNICA, May 16, 2019, https://arstechnica.com/cars/2019/05/feds-autopilot-was-active-during-deadly-march-tesla-crash/?comments=1&post=37374819.

10. Beat Weibel, *AI Created Inventions—Digital Inventor Computer-Implemented Simulations—Digital Twin*, WIPO CONVERSATION ON INTELLECTUAL PROPERTY(IP) AND ARTIFICIAL INTELLIGENCE(AI), Sept.30, 2019, www.wipo.int/meetings/en/doc_details.jsp?doc_id=454861.

11. Ex parte Stephen L.Thaler, No.BL O/741/19 (U.K. I.P.O. Dec. 4, 2019).

12. See www. artificialinventor. com for the current status of these applications.

13. Law No. 071, Ley de Derechos de la Madre Tierra, Diciembre 21, 2010, LA ASAMBLEA LEGISLATIVA PLURINACIONAL (Bolivia), www.planificacion.gob.bo/uploads/marco-legal/Ley%20N%C2%B0%20071%20DERECHOS%20DE%20LA%20MADRE%20TIERRA.pdf.

14. Emails with Arno Nickel, Infinity Chess General Manager(Nov.7 & 10, 2019)(on file with author).

第一章

理解人工智能

文明的进步，就在于我们不经意间作出的重要决策越来越多。

——阿尔弗雷德·诺斯·怀特黑德

第一节　伊　　始

人工智能的概念有着古老的历史渊源。早在公元前8世纪左右，希腊诗人荷马在《伊利亚特》中写道，赫菲斯托斯不仅是火神，也是一位技艺高超的发明者。赫菲斯托斯建造了一个镶金的自主机器来帮助他完成工作。他不仅以“智慧的心灵”和“年轻女性的外表”[1]打造出自己的侍从，还打造了可以往返众神之家的自动驾驶汽车，以及在克里特岛海滩自主巡逻的致命武器系统“塔洛斯”。凡人要如何制造这些机器，荷马虽然含糊其词，但至少从外形而言，相较于亚马逊公司的助手“亚历克莎”、特斯拉的自动驾驶系统“自动领航员”以及俄罗斯的军用机器人“费奥尔多”而言，这看起来要自然得多。

塑造具有类似人类智慧的人造物是无数历史和文化的惯常做法。其中，犹太教中最为著名的魔像故事是关于16世纪晚期的布拉格首席拉比犹大·本·勒夫。据说他用黏土塑造人偶，并通过巫术让其变得可以自由行动。这些人偶不仅有助于抵御针对犹太人的袭击和大屠杀，甚至还能帮忙做家务。有关人偶的故事有多个版本，但就像歌德《魔法师的学徒》中的魔法扫帚一样，魔像进行人偶实验的结果都不好，这些人偶通常都是凶残地横冲直撞。不过，造物者表现欠佳是此类起源故事反复出现的主题。例如，在希腊神话中创造了人类并传授人类技术的神普罗米修斯注定要遭受无尽的折磨。又如，玛丽·雪莱 1818 年写的《弗兰肯斯坦》——主人公是一个致力于打造人工生命的科学家，但后来这些怪兽都有反噬作用，最终把弗兰肯斯坦折磨死了。

18 不过，并非所有有关人工智能的故事都是神话或者虚构的故事。早期的自动机器可能非常复杂。英雄亚历山大是伟大的罗马工程师，他写了一篇题为《气动力学》的论文，描述如何用空气、蒸汽和水压制造驱动的机器。直到现代早期，这篇文章还被工程师们广泛引用。埃及有很多可以说话、移动甚至预言的神，尽管他们的预言有什么价值还不清楚。古希腊的机械师建造了自动售货机、水磨机，甚至是世界上第一台用于占星的机械计算机——天文钟安梯基齐拉。

有关安梯基齐拉的不完全历史记录显示，它就是众多古老的计算机之一，至少是机械计算机。起初，“计算机”（computer）一词用于指代人们手动进行数学计算。这种人类计算机曾经对航海、科学和工程学至关重要，但他们还是有很多不足。这些用人来运算的计算机，不仅速度慢，而且容易出错。出海时要是遇到一位数学不好的航海家，那就要倒八辈子霉了。在 19 世纪初期，查理斯·巴贝奇察觉到人类计算的这些缺陷，决定采用自动计算的程序。也许比这更早一些，一位希腊机械师注意到占星家的占星方法后也产生了类似想法，并由此发明了天文钟安梯基齐拉。占星计算对于古希腊人的重要性，就如同航海计算对于维多利亚时代英国人的重要性。具有讽刺意味的是，天文钟安梯基齐拉在 1902 年是在海底发现的。

不过，我们稍微退回到巴贝奇的故事。在决定创造机器计算机后，巴贝奇开始设计自动计算机，并为之取名“差分机”。差分机能够通过查找某个序列中数值的不同来生成数值表，这反过来用能用于生成对数表、三角函数和简单的商家价目表。巴贝奇完成了多个版本的设计，但从来没有制造出能真正实际运作的自动计算机。可以想象，他的工作在当时是多么的艰巨——这个机器重可达 15 吨，包括了 25 000 个零部件。巴贝奇还遇到了诸如长期的资金短缺、被其他次要项目分心的障碍，包括为了反对街道噪音而开展的竞选、为了完善“万无一失”的骑马赌博系统，后者最终被证明是错误的。

如果说差分机是最初的自动计算机，那么它对巴贝奇的贡献在于启发了他的一个更大的想象——制造第一台通用计算机“分析机”。与早期差分机不同，分析机使用穿孔卡上包含的程序进行大范围的运算。与此同时，赞助艾达 · 洛夫莱斯做这个项目的英国数学家和作家开发了一
套算法。这套算法可以让分析机生成一系列伯努利数，后者对数学具有 19
至关重要的作用，最终让她成为第一个计算机程序员。洛夫莱斯或许是世界上意识到分析机超越纯粹计算潜力第一人。

直到 1871 年巴贝奇去世，他一直沉醉于设计各种迭代的分析机，但他从未真正制造出计算机。理想未能实现，再加上对英国政府支持不足的愤怒，巴贝奇临死都很愤懑和失望。他生前曾得到过一些赞赏，但这些赞赏也有争议。不过，直到后来科学家们才意识到，他的分析机几乎已经预见了当今计算机的方方面面，他的天才智慧才真正得到认可。因此，即使第一台功能齐全的通用计算机“电子数值积分器和计算器”(ENIAC)直到 1946 年才诞生，我们今天仍然把巴贝奇称为“计算机之父”。电子数值积分器和计算器重达 30 吨，占地大约 1 800 平方英尺。在他死后，有两个版本的差分机被成功建造出来并得以运行，目前人们也还在建造他的分析机。这些对于生前愤懑不已的巴贝奇而言，或许也算不上什么安慰。

比巴贝奇早几百年，列奥纳多 · 达 · 芬奇已经建造了恐怕是西方文明中第一个人形机器人——列奥纳多的机械骑士。它可以坐、站、抬起

遮阳板，并通过一系列滑轮和绳子来操纵它的手臂。列奥纳多在“机器人”(robot)这个词出现之前就发明了它。直到在1920年，剧作家卡雷尔·卡佩克的戏剧《罗苏姆万能机器人》(R.U.R.)中，才以捷克语中的“强迫劳动”(forced labor)为基础杜撰了这个单词。在2000年，卡佩克的这个戏剧上演了：廉价又能耐的机器人随处可见；这些工业品，不再是齿轮和滑轮的组装，而是有血有肉又能独立思考；这些机器人的生产者阿拉斯则像个魔像一样游来游去；最终，这些机器人发起了一场或多或少会毁灭人类的叛乱。

甚至在20世纪初，远在能够制造出终结者(Terminator)和黑客帝国(Matrix)这样的现代计算机前，《罗苏姆万能机器人》的主题就很受欢迎。到1923年，该戏剧被翻译成三十多种语言，而“机器人”(robot)这个词也已经进入英语词典。杀手机器人和人工智能启示录就成为此后常见的主题。其中，20世纪最著名的科幻小说家艾萨克·阿西莫夫详细描绘了充斥着人工智能的未来。在小说中，他提出了机器人的三大道德法则：

第一，机器人不得伤害人类，也不得以不作为的方式导致人类受到伤害。

第二，机器人必须服从人类的命令，除非这个命令与第一法则相违背。

第三，机器人必须保护自己，前提是这种保护不会违背前两大法则。[2]

这些法则以硬连线的方式写入机器人的“正电子大脑”，用以防止他们与其缔造者人类反目。

这三大法则看似简单，但实际运作起来可能会发生很多意想不到的情况，甚至造成极具破坏性的后果。对此，阿西莫夫通过多个故事加以探讨。例如，机器人有时选择作为或者不作为都可能伤害人类，那么机器人可能就需要选择损害结果相对较小的方式来防止更大的伤害。在阿西莫夫后来的故事中，在开始明白人类其实任由自己的设备持续地伤害自己和他人之后，一些机器人想到防止人类这样做的最好方法就是自己统治人类。

现代人工智能的诞生

在 1956 年，也就是电子数值积分器和计算器出现之后的第十年，计算机科学家约翰·麦卡锡创造了“人工智能”(artificial intelligence)这个术语。他组织了达特茅斯人工智能大会，并因此被誉为建立了人工智能研究学科。在发起这个大会的倡议中，他是如此定义人工智能的，“就目前的研究目的而言，人工智能的问题应当这样看待，人工智能如能以人类的行为方式行事，那么它就是智能的”。[3]继而，这个会议按照如下猜想继续下去，“人工智能的任何学习或者其他特征在原则上都能加以准确描述，以至于可以制造出一台机器来模拟它”。

自 1956 年大会后，作为一个新的研究学科又有实际应用前景的技术，人工智能的发展经历了起起落落。在 20 世纪 50 年代到 60 年代，乐观主义占据了上风，他们认为机器很快就会展现并超越人类的智能水平。计算机开发了解决代数问题的能力，进行棋盘格等游戏的对弈和说英语。在 20 世纪 70 年代，承诺的结果未能兑现、资金也耗完了，乐观主义暗淡下来。这场低迷也就是我们熟知的人工智能的第一个冬天。在 20 世纪 80 年代出现的以“专家系统”为基础的人工智能挥别了这个冬天。该时期的人工智能借助专家知识形成的逻辑规则能够解决很多问题，取得了一些重大的成绩。然而，进入 20 世纪 90 年代，随着人工智能的能力被过分炒作，以及投资兴趣和资金的褪去，人工智能进入了第二个冬天。具有讽刺意味的是，为了避免与人工智能联系在一起，这个时期的一些研究者甚至还刻意将其所研究的工作称为“机器智能”“信息学”或者“知识系统”等。

这两个人工智能的冬天终于过去，但仍留下了不少炒作，只是换了种叙述人工智能的方式罢了。在这里，我们不妨感受一下。传说，在深蓝打败国际象棋高手加里·卡斯帕罗夫之百年前，沃尔夫冈·冯·肯佩伦创造了世界第一台国际象棋对弈机器“特克”。特克在向奥匈帝国皇

后玛丽亚·特蕾莎展示之后，在欧洲掀起了特克热，跟拿破仑·波拿
巴、本杰明·富兰克林和查尔斯·巴贝奇等众多名人一同下棋，或许还
曾击败过他们。的确，特克在工程学上可谓精妙绝伦，只是暗地里安插
21 了人类棋手。最终，这场弥天大谎穿帮了，特克被遗弃在仓库里，后来
还消失在一场火灾中。

有些对自动机的炒作下场更糟糕。话说在20世纪30年代早期，一辆名为“幻影”的自动驾驶汽车在全国巡演并震惊了公众。在撞伤十个行人后，这场巡演戛然而止。没想到，这辆幻影自动驾驶汽车结果却是一架远程遥控操作的福特锡利兹(Tin Lizzie)汽车。最终，这场闹剧的始作俑者也被抓起来了。今天，专家们还是分成两派，一派认为人工智能终于要进入巅峰状态，另一派则认为下一个冬天马上就要降临。一方面，一些意见领袖如谷歌工程总监雷·库兹韦尔预测，计算机大概在十年内就能达到人类的智能水平。另一方面，在2018年，俄罗斯一个被吹捧为有史以来最先进的机器人竟然是个西装革履的人。[4]

第二节　定义人工智能

智能还从未实现过。

——拉里·特斯

人工智能的概念产生已有六十多年，但对其定义还未达成广泛共识。本书是这样定义的，“人工智能就是一种算法或机器，它能完成原本只有具备认知能力才能完成的工作”。其中的认知，指的是一种获取和理解知识的思维能力和过程。这是对人工智能的宽泛定义，重点在于突出它能做什么，而不在于它是如何做到的。相比之下，本领域最受欢迎的教科书恐怕是这样定义人工智能的，“通过设计和建造能够接收周围环境可认知对象的信息并采取措施影响该环境的智能组织”。[5]如今

很多的人工智能定义还依据采用麦肯锡的原有功能性定义（和循环逻辑）——能够做原本人类“智能”才能做的工作的机器。

定义“人工智能”首先需要界定“人工”和“智能”这两个术语。“人工”比较好理解，即人造的、非天然的东西。至少从今天来看，区分人造的和天然的还是可能的，即使有时也会有些模糊。科学家已经制造出使用自然蛋白质和DNA完成数据存储、检索、处理等运算的生物计算机。随着技术发展，我们还可能设计具有机械计算机功能的生物系统。科学家还不满足于制造不需要自然材料的机器，还醉心于升级人类。通过使用诸如CRISPR、线粒体替代、体外受精等技术，基因编辑“设计”的婴儿也已经出现。埃隆·马斯克还创办了脑机接口公司，主要开发脑机连接的接口，让人跟人工智能结合起来变得更具竞争力。尽 22
管脑机接口技术才刚刚发展起来，但人们已经被植入了越来越复杂的医疗设备。

相比之下，“智能”就不好定义了，至少在人工智能领域确实如此。在统计了一系列有关“智能”的非正式定义之后，沙恩·列格和马库斯·哈特认为，智能是指“能够在各种环境中实现目标的组织”。[6]一般来说，智能常常和人联系在一起，有时还特指人的本质特征。两千多年前，亚里士多德就提出，能够作出理性决策的人类智力（intellect）把人和动物区分开来。不过，现代哲学家（和翻译家）仍然在争论他所说的“智力”到底是什么。

哲学家勒内·笛卡尔认为，人类是由非物质的或者精神的心灵所构成的，而其他生物不过是由物理定律驱动的无意识物体。因此，他提出，不同于动物但又不是人的自动机能够制造出来的。他强调，机器永远无法像人类那样，利用语词或者符号来“向他人表达自己的想法”。[7]即使能模仿人类说话，它还是无法“对对话者当前所说的话进行适当回答，但这一点即使最笨的人都能够做到”。[8]对于区分人类与机器或者动物的标准，笛卡尔所用的并不是灵魂或者情感等虚无缥缈的特性，而是交流和推理能力——后者我们今天的人工智能就已经能够实现。

我们假定，人类通常情况下要比动物更聪明，即使智力低下也不会被认为是异类，而有一些动物虽然表现出相当智慧的一面但仍然是动物。例如，黑猩猩能够在一些快速记忆游戏中超越人类，章鱼会使用工具并开展社交活动，海豚拥有自己独特的名字和复杂的沟通方式，大象会表现出同理心。著名的大猩猩可可因会改良版的美国手语而出名，掌握了大约 2 000 个英语单词，还给自己收养的小猫取了名字。它在 2018 年不幸去世，但它年轻时智商能够维持在 70 分—90 分之间。要知道，不少人的智商也就是这个水平。当然，正常人的智商是 100 分左右。这种情况下，我们没有理由说大猩猩可可和跟可可智商一样的人都没有“智能”。查尔斯 · 达尔文也持类似观点。他认为，人类智能跟其他动物的智能本质上并没有差别，只是程度不同罢了。

在具有类似能力的情况下，机器是否也配拥有“智能”就更有争议了。在 2013 年，有人曾尝试给人工智能进行智商测试。结果显示，最聪明的人工智能的智商是四岁小孩的水平，其中语言部分表现较好，理
23 解能力则差一点。尽管人工智能擅长单词记忆，但缺乏理解能力，记再多的单词，也比不上三岁小孩。换句话说，拿智能中的单一能力来比较没有多大意义。试想，谷歌翻译能瞬间翻译一百多种语言，秒杀人类！然而，它不会写歌、玩扑克，更不会有危机感。很显然，谷歌翻译的智能跟我们人类的智能不是同一种。

在 1904 年，心理学家查尔斯 · 斯皮尔曼提出了“一般智能”的概念。他认为，一般智能因素独立决定了人们除完成特定任务之外的认知表现。他认识到，人类在完成一些工作方面要比其他主体更好，而且在某一个方面表现突出往往意味着在很多方面也做得好。例如，数学很好的人往往要比数学差的人更擅长记单词。如今的人类一般智能专家更倾向认为，智商是测试智能水平的有效方法。批评者则认为，一般智能的概念缺乏根据，同时低估了其他能力。

今天的机器还缺乏一般智能，它们拥有的只是狭义的或者特殊的智能，即它们的能力集中在离散问题的解决或者某个特定领域的工作。例

如，“华生基因”能够分析基因组并提供治疗方案，“华生厨师”能够通过结合现有食材开发新的菜谱。然而，“华生基因”不能回答病人开放性的问题，“华生厨师”无法管理厨房。这些新的技能要更新以后才有，但无论如何华生能够做的仅仅是根据所装的程序来解决问题。

然而，发展人工智能的最初目的之一就是开发一般人工智能，它有望能够完成原本人类才能完成的任何智能工作。一般人工智能甚至可以设定为自我提高，从而实现智能水平不断提高，甚至超过人类智能。这被尼克·博斯特罗姆称为“超级人工智能”。由此，超级人工智能能够带动所有领域的创新，并取得突飞猛进的进展。这种进步又被称为“智能爆炸”或者“技术奇点”。这个概念最近几年非常流行，但实际上是个陈旧的概念。早在 1965 年，数学家欧文·约翰·古德就写道，“第一个超级智能机器是人类要创造的最后一个发明”。[9]

目前，专家们更多的是争论一般人工智能是否能够开发出来，以及何时实现。许多行业领袖预测，一般人工智能在未来几十年能够实现。其他人则认为在 21 世纪都不可实现，这些乐观派严重低估了所要面对的巨大挑战。有趣的是，即使存在这些争议，在 2013 年数百个人工智能专家还煞有介事地进行了调查。[10]结果显示：参与者认为，在 2022 24
年能够实现的概率是 10%， 2040 年达到 50%， 2075 年则高达 90%。另外一个类似的调查则显示，42%的参与者认为 2030 年就能实现一般人工智能，25%的人认为要到 2050 年。[11]还有的调查表明，10%的人相信两年内就可以实现，75%的人认为还要 30 年。

第三节　人工智能会思考吗？

> 最近传来了很多有关奇怪大机器高速、娴熟处理信息的好消息……这些由硬件和电线构成的机器就像人类由肉和神经组成的大脑……可以处理信息，计算、总结和选择，还可以用这些信息执行合

理的操作。质言之，机器也能思考。

——埃德蒙·伯克利(1949)

在1950年，人工智能发起者和启迪者艾伦·图灵发表了一篇文章。在文章中，他提议“我们去思考一个重要问题，‘机器会思考吗?’”[12]首先，他驳斥了机器能否理解其工作的疑问，并将其转化为更恰当的问题——机器在功能上能否模拟人类。为此，他提出了“模拟游戏”测试。这个测试要求计算机能够在多疑的裁判面前成功地伪装成人类。如果机器能够通过这个测试，那么我们就可以认定机器能够思考。他还预测，未来的计算机将拥有足够的存储能力来通过这个测试。五十多年后，也就是2000年，这个测试成为我们熟知的“图灵测试”。

另一个学派则认为，智能是以理解为前提的。按照这种观点，如果机器不能够理解其所作所为，那么不管它能够做多少工作，它也不具备智能。在缺乏理解的前提下行动也就只是模拟智能罢了，就算是超级人工智能也不例外。有鉴于此，哲学家约翰·塞尔以行动和理解的区分转化为弱(无意识)人工智能和强(能思考)人工智能的区分，并以此替代过去的特殊与一般人工智能的划分。

为了说明这一点，我们不妨想象一下塞尔提出的中文密室思考实验。假设一个不懂中文的人，被关进一个密室，但能够看到隔壁会说地道中国话的人通过墙上小孔投射的中文文字。当然，这个人看不懂这些文字，但密室中放了一本书，告知了这些文字所有组合的可能性，以及要如何对这些组成作出适当回应。因此，这个人看到墙上的中文文字后，查阅这本书，并将书中提供的相应回应写在纸上(假设这个人知道怎么写)，并传递给隔壁的人。如此一来，隔壁的人也能收到适当的回应。

由此可见，这个人在功能上能够模仿地道中国人的方式进行交流，尽管交流起来很慢。然而，这个人仍然不理解其所接收或者发出信息的
25 意思。这就是我们考虑人工智能研究的模型。如果这个密室换成谷歌翻

译，那么谷歌翻译能够更快作出回应，但准确性可能会差一点。换言之，谷歌翻译能够通过图灵测试，但属于弱人工智能，因为它还不会进行语义理解。

认为机器不能思考的部分原因来自我们对人类的思考还不完全理解。几代人以来，哲学家、神学家和诗人无休止地讨论人们是如何思考的，但几乎无法提供任何有关思考的实证证据。最终，神经生物学家闯入这个领域，提出思考是一种依靠人类生物系统运作的物理现象，而这套系统就好比人类的神经系统。按照这种解释，某种类似于人但不是海豚或灵长类动物的生物也能够体会到类似人类意识的东西。就此而言，如果思维不过是生物系统的综合，那么我们就没有理由认为机器就不能够产生同样的物理现象，又或者认为机器不能在人类思考的基础上获得提升。

按照这种观点，人也不过是一种机器，一种如同认知科学家马丁·明斯基所说的复杂“肉机”。这个思维机器以一长串可追溯至柏拉图的哲学家的固有观念来看待冲突，即人类思维或者灵魂不同于肉身。笛卡尔同样认为思维和身体存在本质差别，其中身份是可分的，但思维如同基督教中的灵魂概念一样是不可分割的。

最近，哲学家大卫·查默斯将身心问题区别于意识的简单与困难问题。简单的问题包括对注意力集中、歧视、信息整合等能力的解释。这些是机械解决方案所解决的问题，也因此神经生物学和计算机科学界在理解人类神经系统的方式和开发类似的人工智能能力等方面能够快速取得进步。相比之下，有关意识的困难问题则指的是为什么人类拥有现象经验，即内在的感觉。机械方案似乎无法解释看到红色、听到音乐或感受到寒冷是什么感觉。到现在为止，现象意识在物理世界的存在仍然是一个形而上学之谜。

尽管我们还远未理解意识，但我们还是能够理解意识的某些方面。例如，至少可以定位意识在中央神经系统中的大概位置。中央神经系统由脑和脊髓构成，而脑又有三个组成部分。其中，大脑由左右半球组成，是脑的最大也是最高级部分，主要负责诸如言谈、推理、学习和听觉等高级功能。小脑则负责协调肌肉运动，保持身体的姿势和平衡。脑干将大脑和小脑连接到脊髓，调节体温、呼吸和心率等。失去脑干，甚
26 至是小脑大范围严重损伤的人，她的大脑仍然能够保有正常的意识。这就预示着意识产生于大脑。不过，具体是大脑哪个部分产生意识却还不清楚。有些大脑中的前额叶皮层大部分（大脑中最靠近前额的部分）被移除或者损伤通常不会影响意识的体验。

然而，即使切除后皮质的一小部分也会导致意识内容的巨大损失，如无法看到或者识别动作、颜色或者空间。大脑拥有非常不同于小脑的神经结构，高度连接并激活复杂反馈循环的神经元的密度也相对较低。相反，小脑拥有更高密度的神经元但相对均匀和平行的结构，其中神经元组以一种前馈电路（一组神经元激活下一组神经元）的方式独立运行。如果一个人只是一个生物机器，那么大脑的结构很可能就是解开意识谜团的关键部分，甚至是开发未来具有自我意识机器人的关键。

不过，这些跟我们要解决的人工智能能否思考的问题有什么关系？一方面，我们可以说人工智能不可能像人那样思考，因为人工智能不像人那样拥有意识或者自我意识。另一方面，相对于政策制定者，哲学家拥有这些知识能够更好地反思人的意识。这是因为人工智能的社会价值取决于它能够完成什么工作，而不取决于它是如何处理信息的。人工智能没有需求去模仿人类思考的过程或者感知行为的意义，它所需要的是人类智能活动的自动化执行。质言之，人工智能不需要思考，只要执行即可。

第四节　人工智能的类型及其应用

算法是一系列数学指令或规则，以软件程序的形式来指示机器的计算机硬件执行特定任务。如同烹饪的食谱，每一个程序基本上都是循序

渐进的指令指南，电脑按步骤照搬地执行即可。硬件则直接执行算法，不同于计算机无法直接使用的、由人编写和人类可读的算法。算法通常由接近自然语言的高级编程语言（源代码）编写。然后这些源代码被编译为机器可读语言（目标代码），即二进制值（0 或者 1），指示处理器改变计算机状态。为了执行算法，计算机需要机器可读的指令和中央处理器等硬件处理器。例如，某个指令可能改变计算机内存某处的存储数值，或者请求运行系统将文本在显示屏上显示。简单来说，我们可以将软硬件的关系比喻为思维与身体的关系。

现代计算机拥有数十亿个控制电子设备开关的晶体管。如同二进制 27
代码，它们的状态是开或者关。算法执行任务就如同打开开关一样简单，能够回应某个数值的改变，并通过晶体管之间的响应运行简单的逻辑推理，“如果晶体管 X 状态是开启的，那么晶体管 Y 和 Z 也相应地打开”。复杂逻辑推理则涉及算法的多个运行指令的组合，以及每个晶体管开关每秒数十亿次的闭合，以此就能够对计算机所要执行的每一个任务加以回应，包括将英文翻译为祖鲁语，模拟一种新的化学物质，下西洋双陆棋。

有很多编程的技巧、系统和方法论让算法变得智能。其中，基于特定任务（如机器学习）或者特定工具（如逻辑或神经网络）的编程是一种发展方向，而不同机构和研究人员的不同编程方法论及其相互冲突也影响了人工智能的发展。目前人工智能有两大模型：一种是符号/经典模型，又被哲学家约翰·海于格兰称为“老好人人工智能”（Good Old-Fashioned AI，GOFAI），即对问题模型进行编码，然后根据该模型处理所输入的数据并提供相应的解决方案；另一种则是互联系统，如人工神经网络，开发者并没有编写特定的处理规则，而是让人工智能根据训练的数据自行发现处理规则。

符号/ 经典人工智能

符号/经典人工智能的编程就是为计算机程序创设所要遵守的规则。一旦某个特定事件发生，那么计算机就会执行特定的行动。符号人工智能取得了巨大的成就，例如亚瑟·塞缪尔在1950年代编写的跳棋程序中击败了其开发者，预示着计算机未来可以拥有超人的能力。在1972年，另一款符号人工智能是专门辅助医师识别传染病和开抗生素处方而编写的MYCIN，在某些情况下拥有超越专业传染病医师的表现。

艾伦·纽厄尔和赫伯特·西蒙等早期的人工智能研究者认为，符号规则支配人类的心理。事实上，早在1956年的达特茅斯会议，纽厄尔和西蒙就展示了“逻辑理论家”，即根据启发式方法模拟人类行为的人工智能系统。启发式方法指的是人类决策的重要规则，或者减少程序进行不必要的大规模搜索的一般方法。逻辑理论家试图通过提出猜想并加以证明方式来阐明某种定律。事实上，它独立证明了阿尔佛雷德·诺斯·怀特黑德和伯特兰·罗素的奠基性数学教材中提到的某些定律，甚
28 至找到了其中某些定律的更好证明方法。按照亚里士多德主张的，人类思考的特点是逻辑和连贯性，那么逻辑理论家应当基本满足这两个特点。然而，证明逻辑理论家真能做到这一点又是另一回事，例如《符号逻辑》杂志拒绝以“逻辑理论家”为作者的署名方式发表有关上述文章。[13]

如果没有启发式方法，我们可能要依靠蛮力计算，如为了证明某个数学定律而生成所有可能的符号组合。纽厄尔和西蒙将这种方法称为大英博物馆算法，即无限猴子随机敲键盘定律，它预测了满屋子手握打字机的猴子随机敲打键盘，最终有可能写出与大英博物馆所有图书一样的内容。即使在理论上有可能，但我们不妨想象一下这样的场景：50只猴子的任务是在打字机上敲出“banana”。假设敲击键盘是随机的，且每个键盘被敲击的概率是相同的，那么这六个单词第一次被敲出来的概率是1/50的6次方，即十五万六千二百五十亿之一。因此，这些猴子敲出“banana”的概率基本就是零，尽管它们终其一生每天每秒都在敲确实是有可能幸运地敲出来的。

假定威廉·莎士比亚创作不朽篇章的秘密被发现并告知了猴子，然

后让猴子们尝试无误地敲出莎士比亚大作，那么它们很可能在宇宙毁灭时还在拼命敲键盘。为了证明这一点，有人在2003年确实做过实验，即将一个键盘放在英国佩恩顿动物园的6只西里伯斯凤头猕猴面前。一个月的实验结果显示，这些猴子写了5页全是单词“S”的内容。

值得庆幸的是，计算机在这方面要比猴子强很多，但即使是最强计算机在处理天文数字时也会力不从心。跳棋程序使用的是非常简单的规则，但能够提供高达10^{34}的移动位置可能性。要想象这个天文数字就已经很困难了，但计算机科学家乔纳森·谢弗将其类比为抽干太平洋的海水，并用八盎司杯、一次一杯的方式再将太平洋填满。最终，谢弗花了数十年，最终在2007年开发出名为“奇努克”的人工智能解决了这个跳棋编程的问题。相比之下，国际象棋更为复杂，拥有10^{120}种棋局变化，要算出这些变化基本上超出了现有可行技术的能力范围。我们熟知的深蓝，也就能够算出八步棋之后的每种可能性。但要是跟围棋10^{172}种棋局变化相比，跳棋和国际象棋又是小巫见大巫了。总而言之，蛮力计算解决有限可能性的问题还是奏效的，但在天文数字面前还是无能为力。

互联人工智能

互联系统通过简单网络的互联甚至人工神经元等统一单元的互联来实施智能行为。近年来，一些人工智能取得的最重大进展都源自互联技术的改进，例如机器学习人工神经元网络和深度学习。机器学习能够让 29
计算机通过示例的学习生成其自己的规则，这些规则可能要比其开发者明确设置的规则要准确得多，在处理以大数据库为基础和人类无法直接破译的复杂模式的规则方面更是如此。

受人类大脑神经网络的启发，人工神经元网络是机器学习中使用的一系列算法。每个人的大脑拥有900亿个神经元，这些神经元相互连接起来形成多达数百万亿个相连的复杂网络。而且，这些连接是动态的，并且连接的强度会根据学习和经历的结果而调整。类似地，人工神经元网络包括了相互连接的算法层组，每一层都能够处理数据，并能通过改变数据经过每层时的权重而完成任务。在训练期间，不同输入的权重都在变化，直到网络产生预期的输出结果，在这种情况下这个网络就发展出完成给定任务的能力。深度学习涉及多层神经网络，是近年语音识别和计算机视觉取得进步的重要原因。

互联人工智能是 20 世纪发展的重点，其应用在过去十年取得了巨大进展。在 2001 年，杰弗里 · 迪安和吴恩达建立连接谷歌 16 000 个服务器处理器的神经网络，用于处理 1 000 万个未标记的 Youtube 上的图片。这个网络花了三天的时间处理数据，并教会自己识别人的脸部和身体以及猫，准确度在 75%—82%之间。[14]此后，这种学习方法在图像网络挑战大赛中大放异彩，要比其他图像识别系统能更准确地分类和识别出不同对象和不同场景。

这是机器学习的突破，也是谷歌大脑项目的开端。次年，两个研究生亚历克斯 · 克里泽夫斯基和伊利娅 · 苏特斯科娃与多伦多大学的杰弗里 · 辛顿一起开发了名为“亚历克斯网络”的神经元网络，其识别准确性在图像网络挑战大赛中要比其他网络高出 10 个百分点。[15]很快，谷歌把这三个人都收入麾下。目前，字母公司和旗下谷歌公司的大量技术中都运用了机器学习。例如，阿尔法狗就使用了神经网络。

人工智能进展及其应用

人工智能的发展主要取决于三个方面的平行进展：更高级的软件、更快的计算机能力、更多的大数据。随着每个人工智能系统每次改进时
30 间的缩短，这三个方面的进展已经并且持续得到快速发展。虽然 1997 年让程序员和大众震惊的深蓝已经退休，但它比 1951 年下棋的第一台机器要快得多，每秒钟能够计算出 2 亿次走法。今天，一台三星银河系列智能手机 S10 就能够比深蓝快 50 倍。类似地，当代智能手机拥有的处理能力要比在 1969 年把尼尔 · 阿姆斯特朗送上月球的阿波罗 11 计算机快上 10 万倍，存储量多出百万倍。

在 2017 年，国际数据公司预测，“全球数据量”在 2025 年将达到 163 泽字节，要比 2016 年 16.1 泽字节多出 10 倍。这个体量的数据是难

以想象的：163 泽字节相当于 1 600 万高清视频或者 200 亿个美国国会图书馆包含的数据量。大数据对于人工智能是至关重要的，反之亦然。人工智能能够以人类所不能的方式处理大而复杂的数据集。大数据也能用于训练人工智能，在无须特别编程的情况下实现性能的提升。数据对于人工智能和其他目的的重要性也让数据成为“新石油”或者“21 世纪的石油”（这个比喻偶尔受到批评）。欧盟委员会在 2018 年指出，“数据是绝大多数人工智能技术的原材料”。[16]

然而，大数据并非均等地创设出来。因此，人工智能社会流传着这样的说法，“垃圾进，垃圾出”。大数据要想对人工智能有用，就要收集、汇总和适当利用正确类型的数据。打个比方，某个分析医疗保险公司电子健康记录的人工智能要确定某种药物是否有不良反应，那它需要测试感染源（含具体时间）、结果、其他健康状态、投保时间、人口统计信息等数据，而将不同时段和保险公司的这些数据库连接起来也会有所帮助。如果在人工智能输入端不能获得全面而准确的数据，那么在输出端也就可能输出错误结果。如果拿这样的数据训练人工智能，那么获得的也是带有偏见的人工智能。

即使存在必要的数据，这些数据还是要汇总起来，并为人工智能进行适当编译。绝大多数人工智能系统无法处理非结构化数据。结构化数据和非结构化数据在数据组织的程度上存在不同。其中，结构化数据通常以独特而简单的可检索形式存在于关系数据库中。相比之下，非结构化数据缺乏明确定义的数据模型，可能以文本、音频、视频、尚未标记或排序的社交媒体帖子的形式存在。目前，绝大部分大数据是非结构化数据，需要花费大量成本和努力才能对其进行结构化。

人工智能近年来在计算机视觉等诸多方面取得了进步。这些人工智能主要处理机器是如何从图像或视频中获得高级别的理解、基本实现人类识别系统的自动化。2015 年微软公司宣布在图片网络挑战大赛中人工智能击败人类专业图片识别专家，准确率高达 95%。[17] 到了 2017 年，参加该比赛的 38 支队伍中有 29 支队伍的图像识别准确率都超过

31 了 95%。[18]这些进步也已经转化为实际的收获。例如，目前脸书图像识别技术能够识别人体、物体、表情、活动、事件和空间。脸书的人工智能拥有丰富的训练数据——每天有超过 20 亿张照片通过脸书及其旗下的 Instagram、 WhatsApp 和 Messenger 上传上来。这些进步是令人印象深刻的，尽管人工智能目前仍挣扎于对人类来说没有任何难度的图像识别。

人工智能在自然语言处理方面取得了类似的进步，任何人使用 Siri、 Alexa 或者 Cortana 等程序都能证明这一点。自 20 世纪 50 年代以来，机器翻译的思想以及预测机器翻译全面实现的预言都存在。这些预测在当时是不切实际的，但今天机器翻译已经取得了长足的进步。例如，谷歌翻译支持翻译一百多种语言，包括照片、语音甚至实时视频中使用的语言。谷歌翻译应用的用户多达 5 亿人，每天翻译的单词多达 1 430 亿个。[19]

再举一个例子，微软在 2017 年宣布其语音识别系统在识别总计语料库的语音方面表现得与人工转录员一样好。这个语料库收集了数千条随机对话的记录。五十年前，机器翻译的单词错误率在 20%—30%之间浮动。到 2017 年，微软的技术错误率控制在跟人工转录员一样的 5.9%。

人工智能已经产生了实质经济影响并展现出巨大的潜力，尽管这些估值因为所用人工智能定义的不同而无法进行比较。[20]普华永道的一项研究表明，人工智能在 2030 年能够为全球经济贡献 15.7 万亿美元，其中 6.6 万亿可能来自人工智能对生产力的提高，9.1 万亿则来自人工智能的消费效应。[21]麦肯锡全球研究所的一份报告称，与工业革命相比，人工智能等新技术带来的颠覆“在速度上要快 10 倍，在规模上要大 300 倍，在效应上要大约 3 000 倍”。[22]

第五节　人工智能的特征

理解人工智能对于我们思考它对现有法律体系的挑战以及如何规制

都至关重要。虽然传统机器可以初步表现出下列部分甚至全部特征——直接引起物理变化或者行为具有有限的可预测性或可解释性——但人工智能更是将这些特征展现得淋漓尽致。某个或者多个特征的不同表现程度也值得我们将人工智能作为独特的现象来单独考虑。

有限可解释性

人工智能的行为并不总是可以解释。确定人工智能能够做什么还是可能的，但要解释它如何做或者为何如此做就很难了。例如，算法可能
驳回某个职位申请，但无法解释为什么这个申请被驳回。在互联人工智 32
能进行机器学习方面更是如此。即使理论上可以解释人工智能输出端的结果，但考虑到人工智能的复杂性——查询密集资源的可能、前期人工智能的版本和特定数据的保存需要——这样的解释也是缺乏可操作性的。

人工智能的一般和特殊以及强和弱

尽管人工智能在诸如棋盘游戏等领域中已经以惊人的方式超越人类，但在其他领域还远不如人类。目前，所有设计的人工智能都是为了完成有限或者特定的任务，而不是为了完成一般性任务。例如，深度思维公司开发的人工智能打败了全世界最厉害的围棋高手，但在程序未设定为翻译时它并不能将英语翻译为法语。相反，计算机科学研究的终极目标是开发一般人工智能，旨在完成人类能够完成的任何任务。然而，相较于科幻小说中具有自我意识和感知能力的人工智能，一般甚至超级人工智能都仅仅是“弱”人工智能。这些科幻小说中的人工智能——“强”人工智能——被描述为拥有与人一样的认知推理能力，并对其行为具有道德上的可责性。不过，这种强人工智能到目前为止还仅仅停留在科幻小说的世界里。

缺乏可预测性

人工智能实施的行为有可能是其开发人员从未预见到的。微软的聊天机器人泰(Tay)就是一个典型例子。泰被吹捧为是一种“对话式理解”实验，即人工智能能够通过跟人类的交往变得更聪明。在微软通过

推特等社交媒体发布这款机器人之后，很多人唯恐天下不乱，用歧视女性、种族主义和政治讽刺等言论猛烈攻击泰，结果泰予以还击。例如，一个网友问道，“瑞奇·热维斯是无神论者吗？”泰回答说：“瑞奇·热维斯从无神论的发明者阿道夫·希特勒那学会了极权主义。”[23]受此影响，微软不得不在24小时内撤下泰。毋庸置疑，推特上的言论难以预测，但微软作为世界上最大的科技公司居然对线上对话的本质了解甚少，这不太应该。相比之下，据报道泰的“中国前辈”微软小冰进行了4 000万次对话都没有出现重大纰漏。当然，这也是事后诸葛亮。[24]

物质性

虽然泰的行为完全是数字化的并停留在推特的网络世界，但人工智能如果嵌入或者控制了硬件，例如机器人，它的确有可能直接导致物理改变。第一起报道的人工智能致命事故发生在《罗苏姆万能机器人》首
33 秀的58周年之际，即1979年。那年，福特汽车组装工人罗伯特·威廉被汽车机器人的手臂击中头部而毙命。在后续的诉讼中，陪审团认定这起事故是源自福特缺少必要安全防护措施，并要求福特赔偿100万美元。当然，人工智能没有必要通过控制机器人才能造成物理改变。一种仅存在云上的数字人工智能，又或者一个对远程服务器的互联网络，都能关停某人的起搏器，或者让执法机关对某人引起不必要的注意。

自主性

从人工智能法律中立原则的角度来看，人工智能最重要的特征恐怕是它的自主行为能力，即在功能上自主确定完成给定任务的方法。这个特征在最著名的去中心化自治组织“DAO”的创设尝试中体现得淋漓尽致。这个主意是要在区块链——一种支持诸如比特币等加密货币的分布式记账技术(去中心化)——上建立一个组织。一旦设立，这个组织就能够根据智能合约——根据预先设定的规则执行未来的行为——自主运行(实现自治)。换句话说，DAO是能够独立于其创始人而独立运行的人工智能，并在接入区块链的无穷无尽计算机中实现运行。

DAO由德国公司Slock.it(及其创始人)打造，并在生成加密货币

“以太币”的以太坊区块链上启动，旨在实现如风险投资基金一样的运作。在草创期间，如同购买一家公司股票，投资者可以使用以太币购买“代币”为 DAO 提供资金。成为代币持有者之后，任何人都可以选择投资某个项目，DAO 则根据这些代币持有者的投票进行资助。最后，就像传统公司的股东一样，这些代币持有者从所投项目的利润中获得回报。

DAO 的代码是开源的，任何人都可以公开查看整个程序是如何运行的。这种结构的好处主要是让 DAO 的创始人无法挪用 DAO 的资金或者滥用 DAO。正因为它是一个前沿技术项目，消除了信任他人的需要，DAO 吸引了特定类型的投资者，例如多数都是加密货币爱好者。2016 年，DAO 创造了当时历史上最大的众筹，筹集价值约 1.5 亿美元的以太币。

不幸的是，在 DAO 开展所有项目资助之前，黑客就已经利用了一个 DAO 编程的漏洞，并提取 DAO 上的代币。然而，吸引投资者的正是 DAO“不可阻挡”或“不可篡改”的架构，不仅阻止了 DAO 的创始人为他们自己的利益更改代码，也导致他们无法修复漏洞代码或者直接恢复被盗的资金。为了阻止黑客，以太坊社区只能采取极端措施。最终，34
以太坊社区选择改变底层区块链协议的代码，给以太坊设立硬分叉，如此就产生了新旧版本的以太坊：以太坊和以太坊经典。其中，以太坊由支持干预的人接管，而以太坊经典则由那些认为区块链应该是“不可篡改”、DAO 的投资者只能自担风险的人来继续运营。

在后硬分叉的以太坊区块链中，DAO 允许代币持有者提取他们的资金。相反，黑客只能从价值明显较低的以太坊经典区块链上提取资金。硬分叉的决定，终究还是在以太坊社区引起了争议。这就大大降低了以太坊区块链的价值。不过，黑客始终未被找出来，DAO 的创始人也未被提起民事或刑事指控。后来，美国证券交易委员会调查了 DAO，并宣布代币是证券并接受联邦证券法的规范。目前的调查显示，DAO 似乎违反了上述法律。

可惜的是，DAO 最终还是没能在这场争论中幸免。不过，类似 DAO 的区块链如雨后春笋般不断涌现。马耳他政府在 2018 年甚至考虑通过立法赋予这些区块链组织法律人格。

未来憧憬

一路发展下来，人工智能已经完成了过去几代批评家们认为不可能完成的壮举。这些发展，在今天看来或许平淡无奇，但那只是因为这些问题被证明能够解决就显得不再那么神秘了。与此同时，人工智能不断改进的能力正在融入我们的日常生活，实现了那些曾经耗费人力工作的自动化。不言而喻，人工智能已经接管越来越多的曾经专属于人类的工作，即使我们无法预测人工智能继续发展的确切轨迹。如此来看，人工智能的潜力几乎是无穷无尽的。因此，我们要问的正确问题不在于人工智能往哪个方向前进，而是它什么时候能够实现。

注释

1. Homer，The Iliad of Homer（Richmond Lattimore trans.，University of Chicago Press 1951）.

2. Isaac Asimov，Runaround，in I，ROBOT 40（Isaac Asimov Collection ed.，Doubleday 1950）.

3. J.McCarthy，M.L.Minsky，N.Rochester，& C.E.Shannon，*A Proposal for the Dartmouth Summer Research Project on Artificial Intelligence*，Aug. 31，1955，www.formal.stanford.edu/jmc/history/dartmouth/dartmouth.html.

4. Andrew Griffin，"*Russia's Most Modern Robot*" *Revealed to Be Justa Personina Suit*，THE INDEPENDENT，Dec. 12，2018，www.independent.co.uk/life-style/gadgets-and-tech/news/russia-robot-person-in-suit-fake-hoax-most-modern-advanced-a8680271.html.

5. Stuart Russell & Peter Norvig，Artificial Intelligence：A Modern Approach（3rd ed. 2009）.

6. Shane Legg & Marcus Hutter，*Universal Intelligence*：*A Definition of Machine Intelligence*，17 MINDS AND MACHINES 391，444（2007）.

7. Rene' Descartes，Discourse on Method，in 1 THE PHILOSOPHICAL WRITINGS OF DESCARTES109，109—151（John Cottingham，Robert

Stoothoff, & Dugald Murdoch trans., CambridgeUniversity Press 1985).

8. 同上注，第 5 章。

9. Irving J. Good, *Speculations Concerning the First Ultraintelligent Machine*, in ADVANCES IN CO MPUTERS 33, 31—87 (Ser. No.6, 1965).

10. Vincent C. Muller & Nick Bostrom, Future Progress in Artificial Intelligence: A Survey of Expert Opinion, in Fundamental Issues of Artificial Intelligence 553, 553—571 (Vincent C.Muller ed., 2016).

11. See James Barrat, Our Final Invention: Artificial Intelligence and the End of The Human ERA 152 (2013).

12. Alan M.Turing, Computing Machinery and Intelligence, 59 MIND 433, 433 (1950).

13. HERBERT A.SIMON, MODELS OF MY LIFE (MIT Press 1996).

14. Quoc V. Le et al., Building High-Level Features Using Large Scale Unsupervised Learning, in INTERNATIONAL CONFERENCE IN MACHINE LEARNING 507 (2012).

15. Alex Kizhevsky, Ilya Sutskever, & Geoffrey E. Hinton, Image Net Classification with Deep Convolutional Neural Networks, 60 COMMUNICATIONS OF THE ACM 84 (2017).

16. European Commission Press Release IP/18/3362, Artificial Intelligence: Commission Outlines A European Approach to Boost Investment and Set Ethical Guidelines, Apr.25, 2018, https://europa.eu/rapid/press-release_IP-18-3362_en.htm.

17. Ophir Tanz, Can Artificial Intelligence Identify Better than Humans?, ENTREPRENEUR, Apr. 1, 2017, www.entrepreneur.com/article/283990.

18. Dave Gershgorn, *The Quartz Guide to Artificial Intelligence: What Is It, Why Is It Important, and Should We Be Afraid?*, QUARTZ, Sept.10, 2017, https://qz. com/1046350/ the-quartz-guide-to-artificial-intelligence-what-is-it-why-is-it-important-and-should-we-be-afraid/.

19. Rory Smith, *The Google Translate World Cup*, THE NEW YORK TIMES, July 13, 2018, www.nytimes.com/2018/07/13/sports/world-cup/google-translate-app.html.

20. Wendy Hall & Jérôme Pesenti, Oct. 2017, https://assets.publishing.service.gov.uk/government/uploads/system/uploads/attach ment_data/file/652097/Growing_the_artificial_intelligence_industry_in_the_UK.pdf.

21. PRICE WATER HOUSE COOPERS, Sizing the Prize: *What's the Real Value of AI for Your Business and How Can You Capitalise?* (2017), www.pwc.com/gx/en/issues/analytics/assets/pwc-ai-analysis-sizing-the-prize-report.pdf.

22. Richard Dobbs, James Manyika, &Jonathan Woetzel, The Four Global Forces Breaking All the Trends, MCKINSEY GLOBAL INSTITUTE (2015), www. mckinsey. com/business-functions/strategy-and-corporate-finance/our-insights/the-four-global-forces-breaking-all-the-trends.

23. James Vincent, *Twitter Taught Microsoft's AI Chatbot to Be a Racist Asshole in Less Than a Day*, THE VERGE, Mar. 24, 2016, www.theverge.com/2016/3/24/11297050/tay-microsoft-chatbot-racist.

24. Peter Bright, *Tay, the Neo-Nazi Millennial Chatbot, Gets Autopsied*, ARS TECHNICA, Mar. 25, 2016, https://arstechnica.com/information-technology/2016/03/tay-the-neo-nazi-millennial-chatbot-gets-autopsied.

第二章

人工智能应当交税吗?

保持充分就业是20世纪60年代国内面临的最严峻挑战,这当然是因为我们身处自动化正在取代工人的时代。

——约翰·肯尼迪总统

毋庸置疑,自动化导致失业的陡增,是人工智能最令人忧心的问题之一。这样担心不无理由。眼下,人工智能已经实现了很多工作的自动化,而且自动化的成本越来越低,相反,人力成本却与日俱增。不少专家预测,随着人工智能的不断改进,我们的社会将出现大量失业,收入不均的状况也会加剧。政策制定者正在积极讨论如何应对技术性失业,大多数提案要么集中在工人再培训的教育投资上,期望实现工人的再就业;要么就集中在自动化收益的再分配上,寄希望于提升社会福利。

出乎意料的是,现有法律无意中支持自动化的做法,却加剧了技术性失业。企业越来越广泛地使用人工智能来替代工人,企业就能少交税。这样一来,企业是省钱了,但政府却因此损失了大量税收。总的来说,自动化可能每年让美国政府少收数千亿美元的税收,甚至更多。[1]

人工智能法律中立原则表明,现有的税收政策应当调整,至少要将人工智能和人类工人同等对待,不允许因为自动化而少交税。为此,可以通过清理人工智能的优惠政策或者通过补偿人类劳动者的方式实现。总的来说，实现的方式还是多种多样的，但最好的选择恐怕还是免征工人税，如免掉工资税。这不仅能够减少对具有社会价值的劳动力征税，也有助于在不考虑税收的情况下人工智能与人类进行公平竞争，并降低税收的复杂性。

然而，这样做还是会大大减少总体的税收。为了确保总体上的平衡，可以增加其他类型的税收，例如对收入、消费（如销售税）和财产增税就可以抵消这一点。当然，这是一个比较激进的税收系统，但它可以
36 变得更激进，即刻意对高收入人群、奢侈品和高价值资产提高税率。更有甚者，可以提高资本收益和公司税率，但这些措施中的任何一项都有助于确保自动化的经济利益得到分享，让自动化在真正高效运作的前提下得到充分发展。

本章以人工智能法律中立原则的视角重新思考当前的税收结构。首先，第一节阐释了有关自动化成本和收益的背景，回顾历史上对技术性失业的思考和解决方案。其次，第二节深入探讨了自动化尚未被充分讨论的领域，即税收政策无意中偏向人工智能而不是人类，并解释了如何以及为什么会这样。最后，第三节提出了将人工智能法律中立原则应用于税收的举措，旨在确保有效竞争和政府的财政实力。

第一节　自动化与技术性失业

自动化恐慌的历史

自工业革命以来，人们对自动化的后果始终心存忧虑。1772 年，作家托马斯·莫蒂默（Thomas Mortimer）旗帜鲜明地反对机械化，“这无异于排斥人类的劳动”。[2] 1821 年，经济学家大卫·里卡多（David Ricardo）认为，自动化会导致不平等，而且“用机器代替人类劳动往往损害劳动者的利益……（它）最终可能会导致人口变得多余、民不聊

生”。[3]哲学家托马斯·卡莱尔(Thomas Carlyle)在1839年甚至寄愁于诗：

> 机械烟冒雷鸣，宛如硕大恶魔，在英国广袤的大地上，为他的伟大工作而喘息；他变幻莫测，像极了普罗透斯；黑影舞动，淹没工人无数，仿佛他从远处挥手，赶着工人忽左忽右，拥挤在通勤途中，以致最聪明的人也不知所踪。[4]

工业革命，加上这些思虑，催生了一场抵制新技术的抗议运动。在19世纪，主要由英国纺织工人组成的卢德派进行了大罢工，他们强烈反对引进工业机械，认为自动化会威胁到他们的生计。一些卢德派人士参与到破坏机器的暴力事件中，英国政府对此坚决镇压，将破坏机器的工人判处死刑。最终，卢德运动遏止了，但对自动化的忧惧持续笼罩了整个20世纪，而且每当技术飞速发展就会爆发。例如，在20世纪50年代和60年代，随着办公电脑和工厂机器人的广泛使用，辩论再次活跃起来。在20世纪60年代的竞选活动中，约翰·肯尼迪提出，自动化提供了 37
“劳动力繁荣的新希望和美国的再次富足”，但它同时也“带来了工业混乱的黑色威胁、失业率的陡增和贫困的加深”。[5]

尽管存在这些担忧，但总的来说技术进步通常都创造了就业机会。计算机减少了工作，但创造了利用计算机处理信息的新工作。汽车减少了工作，但开拓了酒店和食品服务行业的就业市场。拖拉机和其他农业技术进步减少了就业，但推动了其他经济领域的就业增长。在20世纪，尽管以农业为基础的就业和农业对国内生产总值(GDP)的相对贡献在下降，但农业工人的生产力和农业对国内生产总值的绝对贡献是增加的。事实上，在过去的每个时代，虽然人们都对自动化可能导致大规模失业忧心忡忡，但新技术创造的就业却比它替代的工作要多得多。

历史会重演吗?

近期人工智能的发展，再次掀起了公众对自动化和技术性失业的激烈讨论。同样地，讨论分为两个流派：乐观派认为会有更多工作产生；悲观派则预测将导致更大范围的失业和更不公的收入。应该说，历史是支持乐观派的。乐观派主张技术进步会创造更多的工作岗位，带来更广泛的社会效应，而短期的失业更多是因为全球化和离岸外包，并不是因为技术进步，任何的技术性失业终将“只是社会失调的临时阶段”。[6]然而，考虑到人工智能日益增长的能力，我们有理由相信这一次的情况会有所不同。

2013 年，卡尔 · 尼迪克 · 佛雷和迈克尔 · 奥斯本发表了一项极具影响力的研究，声称到 21 世纪 30 年代中期，美国 47%的工作会遭遇被自动化替代的高风险。[7]最近，牛津经济研究院认为，到 2030 年，多达 2 000 万个全球制造业工作岗位将因自动化而流失。[8]佛瑞斯特研究公司预测，到 2030 年，工作岗位将减少 29%，新创造的就业机会却只有 13%。[9]美国银行认为，到 2025 年，人工智能可能会通过自动化减少 9 万亿美元的就业成本。[10]当然，也不乏一些乐观的研究。例如，麦肯锡全球研究所认为，虽然自动化将导致大量失业，但美国到 2030 年就能出现就业的净正增长。[11]

尽管乐观派和悲观派在自动化对长期失业的影响方面存在分歧，但双方都认为它会导致短期失业和特定行业的混乱。在过去广泛使用自动化和技术的变迁过程中，大规模开发新的工人技能和建立新的就业市场往往需要几十年的时间。尽管工业革命最终创造了净就业，但也导致长
38 时间的大规模失业和人类痛苦。今天，我们可以预见到，无论人工智能是否带来长期的破坏性影响，但绝对会造成严重的短期混乱。

自动化的好坏与丑陋

毋庸置疑，自动化可以创造就业机会并提高生产力。它还可以释放资金用于对新型企业的投资，创造新的工作类型和产品，降低现有产品的生产成本。在历史上，技术进步往往提升劳动力：自动化减少对非熟练工人需求的同时增加了对熟练工种的需求。美国的国内生产总值之所以能从 1965 年的 7 120 亿美元稳步上升到 2018 年的 20.5 万亿美元，部

分原因是技术进步和自动化。尽管受到学术批评，国内生产总值在半个世纪内仍然是社会福利和生活水平的主要经济指标。

当然，我们也应当看到，自动化产生的贫富不均——有时会以牺牲某些人的利益为代价。在过去的 25 年中，0.1%的最富有家庭的收入份额大体上有所增加，这些高收入人群的总收入等同于 90%的最底层人民的总收入。自 1950 年以来，CEO 与员工的薪酬比率增加了 1 000 倍，但总体工资却 35 年来停滞不前。人工智能和自动化助推了这些趋势，并让其恶化得更快。白宫经济顾问委员会预测，未来自动化将对低薪工作和受教育程度较低的工人产生不成比例的影响，导致更严重的贫富差距和失业，这些因素的叠加预示着未来的社会动荡。正如斯蒂芬·霍金警告的那样：

> 机器所生产的财富如能共享，足以让每个人都享受奢华的休闲生活。然而，如果机器所有者通过游说成功反对财富再分配，那么绝大部分人会变得穷困潦倒。到目前为止，由于技术加剧了不平等，第二种趋势似乎显得更为明显。[12]

即使遭受技术性失业的工人能够过渡到新的岗位，就像以前快速变化的时代一样，劳动力市场仍会经历重大的短期混乱。这已经是最好的情况了。然而，许多专家预测，当今的技术进步与过去相比有本质的不同，这也就意味着大规模失业的持续增加无法避免。[13]例如，底特律的三大公司在 1990 年的总市值为 360 亿美元，雇用了 120 万名工人；到 2014 年，硅谷市值最大的三家公司总市值已达 1.09 万亿美元，却仅仅雇用了 137 000 名工人。

因此，自动化确定会导致失业和不平等。然而，自动化最显而易见但未被重视的影响却与税收有关。即使产生了更多财富，自动化仍可能导致税收的大幅度减少，因为美国政府的大部分税收来自对劳动力的征
税。美国国税局(IRS)2018 年报告称，近 3.5 万亿美元净收入中一半以 39

上来自个人所得税。第二大收入来源是就业税（主要是医疗保险、医疗补助和社会保障税），贡献了超过一万亿美元。相比之下，企业所得税、消费税（特定商品和活动的税）、赠与税和遗产税的贡献不到 1/10。换句话说，大部分收入直接和间接来自各级政府对收入和工资的征税，而不是企业税、消费税、赠与税和遗产税。当人工智能取代了工人，政府也就损失了雇员和雇主的工资税。即使自动化给企业带来更丰厚的收入，但只有相对很少的一部分贡献给税收。

自动化的社会政策

对于提升经济价值的技术进步，政策制定者会采取措施加以适应，甚至要主动鼓励。与此同时，确保该经济价值以一种公正的方式重新分配也是同等重要。在工业革命中期，哲学家约翰·斯图尔特·米尔写道：

> 虽然自动化最终会惠及劳动者，但这既不免除政府的社会保障义务，也不免除采取措施预防——如果可以的话——这种最终利益来源或者对当下一代人可能还具有生产力的罪恶。对于被牺牲同胞及其后代的利益，立法者没有比这更正当的目标需要关心了。[14]

又或者，如美国国家科学技术委员会技术分会所主张的，“公共政策可以解决‘技术性失业’，确保工人接受再培训，并能够在与自动化互补而非竞争的岗位上取得成功。与此同时，公共政策也可以确保人工智能创造的经济利益得到广泛分享，并确保人工智能负责任地开创全球经济的新时代”。[15]

如何在降低自动化危害的同时分享其好处？人们把重点都放在了教育和社会福利上。就前者而言，人们认为，技术性失业的工人需要再培训才能重新就业。在此背景下，肯尼迪总统通过了美国第一个也是最广泛的联邦培训计划《1962 年人力发展与培训法》。巴拉克·奥巴马总统拨款数十亿美元资助工人的培训，部分目的就是要解决技术性失业问题。他还在2015年国情咨文演讲中提出一项计划，为“半工半读学生”免费提供两年制社区大学的教育，尽管这个提议最终并未实施。

通过在解决人工智能和自动化方面的一系列努力，奥巴马总统办公室最终在2016年发布了一份报告，提出了三管齐下的政策纲领：投资 40
人工智能，对美国人进行教育和培训以应对未来的工作，以及确保工人获得广泛福利。具体而言，该报告主张通过加大对失业保险和医疗保险等项目的投资来加强社会安定，提议创设新的工资保险和紧急援助计划，主张建立21世纪的退休制度，扩大医疗保健的普惠性，并提高工人的议价能力。

对技术失业的再次担忧，也为旧的社会福利提案注入了新的希望：基本收入，无条件给每一个公民基本收入的制度。实现基本收入的路径有很多，取决于基本收入的结构，它有时被称为最低收入保障，有时又被称为普遍基本收入，但基本理念都是政府无需考虑公民的处境而直接向其提供固定数量的资金。一些版本的基本收入已经在一个相对较小的地方进行了多次实验，结果喜忧参半。其中，美国最著名的基本收入计划是阿拉斯加永久基金股息，从1982年以来一直在无条件支付给州居民。到2018年，阿拉斯加州居民一年能够获得1 600美元的保障金。

更近的一次是芬兰从2017年到2019年开展的一项总成本约为2 300万美元的试点计划，即每月无条件向2 000名失业公民提供600美元。尽管最终的研究结果还没有公布，但初步证据表明，它除了改善参与者的健康和福祉以外对就业并没有影响。[16]芬兰政府原本考虑用基本收入取代基于收入的保险福利，但是目前已终止，更不会扩大试点。

马克 · 扎克伯格(英文名)和埃隆 · 马斯克(英文名)等支持者认为，基本收入能够减少失业、贫困和对失业者再就业的阻碍(但在传统的失业计划下，领取者重返工作岗位后通常会失去他们的失业福利)。它还可以通过提供一段时间的培训鼓励、支持工人的再教育。批评者则认为，最低收入保障会鼓励领取者停留在失业状态，同时也阻碍他们接受再教育。硅谷著名创业孵化器 Y Combinator 正在筹划一项随机对照实验，评估基本收入政策在美国两个州的影响。

像芬兰和硅谷这样的地方提供基本收入政策并不让人意外，但理查德·尼克松总统在 1969 年就已经酝酿了更为雄心勃勃的基本收入计划。他提出的家庭帮扶计划，预计将向贫困的四口之家每年无条件提供大约 1 600 美元(相当于 2019 年的 1 100 美元)的最低收入。值得注意的是，一项覆盖了大约 8 500 名美国公民的无条件基本收入政策实验正在精心开展，但目前还没有证据显示该政策会导致就业的减少或者执行成本过高。

在尼克松总统准备宣布家庭帮扶计划时，他的顾问提供了一份有关 19 世纪早期名为英国斯宾汉兰系统的基本收入实验的报告。在报告
41 中，他的顾问声称这个实验是一场巨大的灾难，因为它是基于一份英国皇家委员会(在当时已经拥有 150 年历史)的错误科学实验的报告。顾问随后说服了尼克松，家庭帮扶计划不仅会威胁到资本主义，而且会让大众贫困化，并导致他们陷入极度贫困的恶性循环。作为回应，尼克松决定将家庭帮扶计划改为工作福利计划，但仍然未能付诸实践。民主党认为基本收入保障的力度不够，而共和党中大多数人最初支持这个计划，但很快转为反对。最终，有关工作福利计划的游说导致保守派不仅反对基本收入政策，还反对美国是个“福利国家”的主张。

显然，提高教育和社会福利水平并不是一件易事。考虑到对提升劳动生产力的作用，绝大多数政策制定者原则上都同意支持更好的工人培训，但“提供这样的教育和培训需要重大的投入”。[17]相比之下，社会福利系统要求更多的资金投入，而且还要面临额外的障碍：对所增加的福利是不是一个值得期待的目标缺少共识。无论如何，有一个事实再清楚不过——自动化需要政府更大的投入。

到目前为止，有关自动化的争议很大程度上忽略了让政府难以投资上述项目的原因——政府税收收入的减少。粗略计算，自动化带来的税收减少可以通过有效税率×自动化造成的总工资损失计算出来。麦肯锡

全球研究所在 2017 年 1 月称，(全世界)大约一半的工作能够用现有技术实现自动化，其价值相当于美国一年 2.7 万亿美元的工资。[18]当所有税收合并考虑，工人们将承担 25%—55%不等的高额税率。这就意味着，这些工作实现自动化就会导致美国各级政府一年数千亿甚至数万亿的税收减额。因此，税收绝对是自动化争议的重点。除非成为精心构建的开明公共政策的一部分，否则税收政策不会鼓励自动化。

自动化带来的技术性失业和收入不公平已经得到长久以来的充分讨论，但我们一贯忽略的税收问题最近才有所改观。考虑到对创新的影响，欧盟议会在 2017 年 2 月否决了一项旨在对机器人所有者征收的"机器人税"以支持失业工人的提案。第二天，比尔 · 盖茨就发表声明称，为减缓自动化的普及，政府应当对使用机器人的公司征税。美国前财政部长劳伦斯 · 萨默斯随即批评盖茨的主张是"严重误导"。2017 年 8 月，韩国政府宣布了全世界第一个"机器人税"，减少对自动化的税收优惠。早先，根据投资规模韩国企业能够通过自动化设备的投入获得 3%—7%的企业税优惠，这项改革则将这项优惠幅度降低了 2%。 42

第二节　当代税收政策支持自动化但减少税收

想象一下，如果人工智能能够将放射科诊断医生(专门评估 X 光、MRI 和 CT 图像的医生)的工作自动化，或者可以让其他放射科医生变得更高效，那么医院就可以雇用更少的放射科医生。如果人工智能能够完成放射科医生的工作，如审查胸部 X 光确认病人是否患有肺炎，那么，医院确实可以这样做。在不需要医生人工完成这项工作的情况下，剩下的放射科医生就可以更专注于人工智能所无法从事的工作。尽管如此，人工智能仅仅完成了初步审查，医院还需要放射科医生人工确认人工智能的分析结果，如此一来，医生就变得更高效(例如，更快)。最终，这个结果还会使医院所需医生的数量减少。

这种人工智能技术使用四年的税前成本大约是 210 万美元，包括购买、维护、修理和升级固定资产或者资本资产的费用，后者包括机器或者诸如软件等无形资产，以及运行成本（如电费）。相比之下，一个人类放射科医生的工作和其他成本（医疗保险、退休金等）在同期的总成本大约是 200 万美元。然而，人工智能可以享受医生所不适用的税收优惠，最终这个成本降低为 190 万美元。很显然，理性的企业在进行成本收益分析后，会选择实施放射科医生的自动化。

对于某个工作到底是由人类还是人工智能完成，现有税收政策显得并不中立，因为企业实施自动化能够获得多种税收优惠。在美国，雇员和雇主的薪酬匹配金额总计为员工工资的 12.4%，匹配医疗保险总额为 2.9%（适用于首笔收入达到 127 200 美元），以及额外 0.9% 的医疗保险附加费（适用于收入超过 200 000 美元）。雇主还可以对自动化工人的资本成本申请加速折旧税。[19]折旧税在这里指的是企业针对自动化工人的资本支出所主张的扣除（减少税基）。自动化设备资本支出的扣除将允许企业随着时间的推移而减少其税基，从而减少应纳税额。当然，支付给个人的工资也是可抵扣的，但对人工智能的抵扣时机可能不同于人类，因此可能会对企业的税负情况产生重大影响。

加速减税意味着抵扣可能早于其实际经济折旧（资产超时价值的减少）。例如，假设一个工业机器人的总资本成本为 10 万美元，使用寿命
43 为 7 年，而一个雇员的总工资成本为 10 万美元，使用年限为 7 年。如果可主张资本加速折旧，企业可以要求折旧 10 万美元的大部分作为第一年的税收减免，而不是按照 7 年的比例来计算。企业可能对一个自动化工人申报纳税折旧的费用是第一年为 5 万美元，第二年为 3 万美元，第三年为 1 万美元，以此递减到第七年。

相反，工资税必须在支付时扣除（例如，每年七分之一）。在这种情况下，即使预先支付了 10 万美元的资本支出，也可以通过主张自动化工人相对于员工工资的加速税收减免来获得现值收益。这是可能的，因为许多大型企业都有大量的自由现金储备，而为了降低纳税义务这些现

金不会支付给股东。[20]资本投资的加速减税的现值大于企业通过投资其资产负债表上持有的自由现金所能获得回报的贴现值。当人工智能被视为无形资产而非有形资产时，情况可能会有所不同。一些(但不是全部)软件被认为是一种无形资产，可能有一些关于扣减时间的复杂规则。一般来说，有形资产计提折旧，无形资产计提摊销。一般来说，摊销比折旧更难加速。

即使实际通胀率等于或大于经济贬值，税收折旧(无论是否加速)也通常可以适用。这里的通货膨胀，指的是商品和服务的一般价格水平上涨的速度。这样一来，明年制造同样机器的成本将高于今年。这个问题很重要，就像前述例子所显示的，原本出于税收的目的，假设机器人在七年后会磨损，但结果却是名义价值增加了，而不是减少了。这种情况通常不适用于软件，因为往往很快就会被淘汰；有时会适用于人工智能本身，但更有可能适用于能够实现自动化的工业机器。

如果人工智能的名义价值确实随着时间的推移而增加，那么当通货膨胀率高于经济价值的实际减少率，且名义(或通货膨胀)差异永远不会在税收系统中重现时，就会产生增量税收优惠。在企业场景中，这种按通胀差额重新计算的税收只会在资产处置时产生，而这种情况很少发生。同样的原则也适用于商业地产，允许对名义价值随着时间的推移而实际增加(而不是减少)的资产进行纳税折旧，而且差额不因纳税目的而调整。

企业也可以使用会计技巧来申报因自动化带来的税收优惠，这可能是出于各种原因，比如让公司看起来对潜在投资者更有吸引力。如果税收折旧相对于账面折旧(财务报表上报告的金额)而言是加速的，企业通常可以从税收优惠中申报利润(或收入收益)。因此，一个大公司从所报 44
告的折旧期间的差异财务收益中享有账面利益。任何寻求加速公布收益的企业都可以使用自动化来实现这种时间效益。

最后，间接税也鼓励企业实现自动化。间接税是指对商品和服务征税，而不是对利润征税。主要的例子是美国的州和市政当局征收的零售税（RST），以及其他大多数国家征收的增值税。雇主被认为承担了间接税的部分影响，因为出于抵消间接税的原因，工人的工资和退休福利必须按比例增加。然而，在自动化工人的情况下，企业完全避免了间接税的负担，因为它不需要为人工智能的消费提供支持。一般来说，资本资产的业务支出免征间接税，或者从零售税或增值税中扣除。

自动化减少税收收入

劳动力承担的税基份额不断增加。2018 年，美国国税局报告称，在近 3.5 万亿美元的净税收中，个人所得税占 56.9%，就业税占 32.7%，企业所得税占 7.6%，消费税占 2.1%，遗产和赠品税占 0.7%。[21] 在欧盟，除了征收增值税外，还征收高额的工资税，后者也被认为是工人作为消费者要承担的负担。此外，几乎所有司法管辖区的资本税都有大幅下降的趋势。与过去几十年相比，企业税目前约占其各自份额的一半。[22]2017 年通过的《减税和就业法案》，将 2018 年的企业税率从 35%降至 21%。有鉴于此，企业税还在进一步降低。同样，在欧洲，相对于其他类型的税收，较低的资本税收作为一种国际税收竞争的手段也很受欢迎。

工人税收在如下几个方面不同于企业税收。工薪阶层一般无法实施避税计划。例如，员工不能使用转移定价技术将收入转移到开曼群岛的一个税率为零的实体。此外，工资收入不存在潜在的延迟，这意味着劳动收入目前被征税，而资本可能在未来处置资产时被征税。人力资本也是不可折旧的，所以一个人可能不会因为教育或医疗费用而获得税收减免——至少不会达到这些投资的全额。

相比之下，机器或其他设备会给企业带来即时和持续的税收减免，直到设备的税基降为零。此外，工人还需缴纳各种形式的间接税，而企业的机器通常免征增值税。如果公司税作为税基的一部分下降，而总体税收水平保持不变，为了弥补差额，其他类型的税收可能会增加。为了实现税收平衡，政府尽管还可以选择增加借贷或减少支出，但从长期来看可能会对经济产生负面影响。
45

第三节　自动化税收的政策选项

目前的税收制度主要设计为对人征税，而不是对人工智能征税。这就相当于鼓励企业在其他条件都相同的情况下首选自动化，以减少纳税。因此，自动化政策的重中之重是调整税收系统，使其在人工智能和人类的适用方面保持中立。为工人提供抵扣税收优惠，又或者减少使用人工智能的税收优惠，都可以实现上述目的。无论如何，人工智能带来的另一个重大税务挑战是，如何防止未来劳动力中重要部分可能实现自动化而威胁到政府短期和长期的财政偿付能力。

公平竞争

为工人提供抵扣税收优惠，是确保工人和人工智能开展有效竞争的第一种方法。对工资的税收优惠可能会导致雇主和雇员对社会保障和医疗保险系统的贡献被废除。其结果将是，人类和人工智能都将免除工资税，而不仅仅适用于自动化的工人。在所得税方面，为了匹配人工智能的加速折旧，对工人的抵扣偏好可以设计为对未来工资补偿费用的加速扣除(即企业将获得加速扣除税收优惠)。

第二种方法则是不允许企业获得自动化的税收优惠。该方法的基本理念是废除各项有关加速扣除税收和间接税收优惠，避免工资税的杠杆。韩国的“机器人税”就是采用这种策略，即在一定程度上降低自动化设备投资的税收优惠。考虑到联邦所得税，《美国国内税收法典》通常采用在一定收入标准上限制税收优惠。这种做法，通常被称为“逐步停止”。它减少了一些纳税人的税收优惠，如儿童税收抵免和退休账户的某些缴款。例如，学生贷款利息是可扣减的，但对于修改后总收入超过 8 万美元的个人(联合申报者则为 16.5 万美元)则不能扣减。[23]

逐步停止可以是减少税收抵免，也可以是减少税收扣除。一个新的法典条款可以规定类似的逐步停止方案，即不允许折旧或其他与自动化工人相关费用的依据是企业申报的自动化水平，而不是其收入。由于自动化程度高或高利润与高就业比而导致大量工人下岗的企业可以在收入超过一定阈值后自动减少其税收折旧。为了确定合理的阈值和衡量引发逐步停止条款适用的自动化程度，美国财政部需要制定详细的法规和标准。

要实现工人和人工智能之间更大的税收平衡，既可以是加大工人税收优惠力度，也可以是减少企业使用人工智能的税收优惠。然而，这两
46 种方法在工资税基降低问题上都于事无补。此外，除其他因素外，单纯为工人提供抵扣税收优惠也会加剧工资税基的下降，因为这会减少约三分之一的联邦税收。这将加速社会保障制度的破产，除非由此造成的税收减少可以通过其他方式得以补偿。

确保适当收入

不论是否建立起更中立的税收系统，人工智能带来的第二大税收挑战是如何防止未来大规模劳动力的自动化威胁到政府的财政偿付能力。这可以通过增加诸如财产税和销售税的方式来实现。将税负从工资税转移到销售税能够减轻企业雇用员工的负担；与此同时，相较于从工资税中获得税收的优惠，采取从财产税和销售税扩大税收可能更激进。换言之，这是在更大程度上对资本而不是劳动力进行征税，因为支付销售税和财产税的个人和企业要对来自资本投资的部分收入缴税。更激进的做法是通过下列方式提高资本税：①建立一种基于技术性失业的自动化税；②通过优先适用于那些以最少劳动力实现营利的公司的“企业自雇税”；③提高一般企业税率；或者④增加其他形式的资本税。

第一种，在工人失业或被机器取代的情况下，可以逐步征收联邦自动化税。许多州在失业补偿方面使用类似的系统：被解雇的工人会被跟踪，雇主会得到相应的评级。然后，他们必须根据自己的评级向失业保险计划支付费用。因此，裁员越多的企业支付的失业保险税就越多。类似的方案可以通过收集裁员数据应用于联邦自动化税。如果财政部认定裁员是由自动化造成的，那么这些信息就可以被用来征收额外的联邦

税。不过，征收额外的自动化税也有缺点，即它将增加税收系统的相对复杂性，并增加合规成本。

第二种，可以对那些以相对有限的人力产出的企业征收企业自雇税。这些额外的税收，可以替代企业因使用自动化劳动力而规避的社会保障和医疗保险工资税。在某种程度上，这将是个人自雇税的必然结果，即小企业主被要求向社会保障体系缴纳近似于社会保障税的一笔费用，而社会保障税是由个人自己的工资支付，而这些工资被认为是支付给自己的。企业自雇税可以是基于企业利润与员工总补偿费用的比率来计算。如果这个比率超过了财政部确定的数额(参照行业标准)，那么备用预提就可以适用于企业利润。自动化税的总额可以设计成与企业使用 47
自动化工人所规避的工资税相匹配。然而，这种企业自雇税的缺点是它相当于处罚了以下两类企业：一类是以有益于社会的方式实现自动化的企业，另一类是出于非税原因而在商业模式中只依赖极少人力的企业。

第三种选择是提高企业税率，一种做法是直接将法定税率提高到21%以上，另一种做法是取消某些导致企业纳税低于法定税率的税收扣减。例如，美国国会可以终止 2017 年《减税和就业法》规定的适用于税收转嫁企业(有限责任公司、合伙企业和小型股份制公司)的税收扣减。这些措施仅在 2018 年就带来了超过 400 亿美元的税收减免。最后，公司税并非资本税的唯一税种。例如，增加资本利得税是另一种提高资本相对税收负担的方式，资本利得税是根据出售土地或企业等资产的利润评估的。对于大多数持有超过一年的资产，资本利得税率为 0、15%或 20%，具体取决于应税收入和申报状态。这明显低于普通收入的税率(10%—37%)。普遍提高资本利得税和企业税税率的吸引力在于，它不会歧视某些商业模式；相反，它会更平均地增加资本相对于劳动力的税收负担。

不过，提高资本税率的顾虑也非常明显，那就是担心会阻碍投资。投资者在决定如何投资资本时会考虑税率，而较高的税率降低了投资者的预期回报。对资本征税历来不受欢迎，因为资本被认为是流动的，或者至少要比劳动力更具流动性，因此提高资本税率可能导致资本投资流向税率较低的司法管辖区。缺乏一个国际协调一致的税收制度导致了国际税收竞争；在某种程度上，这是一种逐底竞争。[24]这种担忧是合理的，但它似乎支持每个司法管辖区在逐底竞争中废除所有资本税，并可能因此造成更大的贫富差距。

另一派观点不同意有关国际税收竞争的主流说法。他们认为，从历史上看，相对较高的税率似乎并没有成为在美国进行投资的障碍。投资者和企业需要进入像美国这样的大型发达市场，而相对较高的税率可能会是进入这种市场的代价。事实上存在这样的悖论，即更高的企业税率可能会鼓励资本投资，因为它们可以带来更大价值的税收减免。具体而言，较高的企业税率增加了边际投资带来的税收抵扣的相对价值，其中“边际”投资是指仅仅因为税收制度而进行的增量投资。跨国企业可能将资本投资于较高的税收管辖区，而不是避税港管辖区，主要是为了获得相对较高价值的税收减免。部分出于这个原因，对于正在将利润再投
48 资于其业务的小型和成长型企业来说，较高的公司税税率并不是一个主要的障碍，因为持续的税收减免将大大降低税基，而不管最终适用的税率是多少。

对未来的预感

应当承认，还是有几种潜在的税收政策解决方案可以解决人工智能和人类之间的法律失衡，并创建出一个更加中立的税收系统，即企业将基于非税收理由作出商业决定。作为一种广泛接受的在经济上有效组织税收系统的原则，税收中立更有可能产生更少的负面影响，降低管理和合规成本，促进分配公平，增加透明度，从而以更低的税率获得更广泛的税基。相比之下，税收系统的非中立性则扭曲了企业非基于经济原因所做的选择，并鼓励企业作各种浪费社会资源的税收减免努力。因此，税收非中立性是在“制造复杂性，鼓励规避，增加纳税人和政府的成本”。[25]

人工智能法律中立原则的优势在于，它允许市场在没有税收扭曲的

情况下进行调整。如此一来，企业就可以只考虑进行自动化是否能够确实提高效率，而无须考虑税收问题。由于目前的税收制度有利于企业开展自动化，向税收中立制度的转变会增加人类工人对企业的吸引力。此外，税收中立制度增加的税收收入可以用来为人工智能造成的失业工人提供更好的教育和培训。要真应验了悲观主义者的预测，在不久的将来自动化导致失业人数增加，那么，这些税收可以支持政府为这些失业工人提供基本收入等社会福利项目。质言之，自动化在任何时候都不应以牺牲最脆弱群体为代价，不管它是否会创造出比以往任何时候都多得多的财富。

注释 49

1. Ryan Abbott & Bret Bogenschneider, *Should Robots Pay Taxes? Tax Policy in the Age of Automation*, 12 HARV. L. & POL'Y REV. 145, 145—175 (2018).

2. THOMAS MORTIMER, LECTURES ON THE ELEMENTS OF COMMERCE, POLITICS AND FINANCES 72 (A. Straham, for T.N. Longman and O. Rees 1801).

3. DAVID RICARDO, ON THE PRINCIPLES OF POLITICAL ECONOMY AND TAXATION 283—284 (Batoche Books 2001)(3rd ed. 1821).

4. THOMAS CARLYLE, THE WORKS OF THOMAS CARLYLE: CRITICAL AND MISCELLANEOUS ESSAYS 141—142 (Henry Duff Trail ed., Cambridge University Press 2010)(1899).

5. JAGDISH BHAGWATI, ALAN S.BLINDER, & DOUGLAS A.IRWIN, OFFSHORING OF AMERICAN JOBS 80 (The MIT Press 2009).

6. JOHN STUART MILL, PRINCIPLES OF POLITICAL ECONOMY 97 (Cosimo Classics 2006)(1848).

7. Carl Benedikt Frey & Michael A.Osborne, *The Future of Employment: How Susceptible Are Jobs to Computerisation?*, 114 TECH. FORECASTING & SOCIAL CHANGE 254 (2013), www.oxfordmartin.ox.ac.uk/downloads/academic/The_Future_of_Employment.pdf.

8. OXFORD ECONOMICS, HOW ROBOTS CHANGE THE WORLD (2019), www.oxfordeconomics.com/recent-releases/how-robots-change-the-

world.

9. Forrester, The Future of Work (2019), https://go.forrester.com/future-of-work/?utm_source = forrester_news&utm_medium = web&utm_campaign = futureofwork.

10. BANK OF AMERICA, ROBOT REVOLUTION—GLOBAL ROBOT & AI PRIMER 3 (Dec. 16, 2015).

11. James Manyika et al., *Jobs Lost, Jobs Gained: What the Future of Work Will Mean for Jobs, Skills, and Wages*, McKinsey Global Institute (2017), www.mckinsey.com/featured-insights/future-of-work/jobs-lost-jobs-gained-what-the-future-of-work-will-mean-for-jobs-skills-and-wages#part3.

12. Akshat Rathi, *Stephen Hawking: Robots Aren't Just Taking Our Jobs, They're Making Society More Unequal*, QUARTZ, Oct. 9, 2015, http://qz.com/520907/stephen-hawking-robots-arent-just-taking-our-jobs-theyre-making-society-more-unequal/.

13. Klaus Schwab & Richard Samans, PREFACE TO WORLD ECON. F., THE FUTURE OF JOBS: EMPLOYMENT, SKILLS AND WORKFORCE STRATEGY FOR THE FOURTH INDUSTRIAL REVOLUTION, at v—vi (2016), www3.weforum.org/docs/WEF_Future_of_Jobs.pdf.

14. JOHN STUART MILL, PRINCIPLES OF POLITICAL ECONOMY WITH SOME OF THEIR APPLICATION TO SOCIAL PHILOSOPHY (Longmans, Green, and Co. 1909) at Book I, ch. VI, ¶13.

15. EXEC. OFFICE OF THE PRESIDENT, COMM. ON TECH., & NAT'L SCI. & TECH. COUNCIL, PREPARING FOR THE FUTURE OF ARTIFICIAL INTELLIGENCE 2 (2016), https://obamawhitehouse.archives.gov/sites/default/files/whitehouse_files/microsites/ostp/NSTC/preparing_for_the_future_of_ai.pdf.

16. Aria Bendix, *One of the World's Largest Basic-Income Trials, a 2-Year Program in Finland, Was a Major Flop. But Experts Says the Test Was Flawed*, BUSINESS INSIDER (2019), www.businessinsider.com/finland-basic-income-experiment-reasons-for-failure-2019-12.

17. EXEC. OFFICE OF THE PRESIDENT, ARTIFICIAL INTELLIGENCE, AUTOMATION, AND THE ECONOMY 3 (2016), https://obamawhitehouse.archives.gov/sites/whitehouse.gov/files/documents/Artificial-Intelligence-Automation-Economy.PDF.

18. James Manyika et al., *A Future That Works: Automation, Employment, and Productivity*, MCKINSEY GLOBAL INSTITUTE (2017), at 21, www.mckinsey.com/~/media/mckinsey/featured%20insights/Digital%20Disruption/

Harnessing%20automation%20for%20a%20future%20that%20works/MGI-A-future-that-works-Executive-summary.ashx.

19. Bret N. Bogenschneider, The Tax Paradox of Capital Investment, 33J. TAX'N INV. 59, 74 (2015).

20. See, e.g., Katia Dmitrieva & Laura Davison, *Corporate America Is Repatriating a Fraction of Foreign Profits*, BLOOMBERG, June 20, 2019, www. bloomberg. com//amp//news//articles//2019-06-20//corporate-america-is-repatriating-a-fraction-of-foreign-profits (referring to President Donald Trump's estimate that US businesses would repatriate $4 trillion in offshore cash holdings as a result of the 2017 tax law).

21. Internal Revenue Serv., U.S. Dep't of the Treasury, Pub. 970, SOI Tax stats—collections and refunds, by Type of Tax—IRS Data Book Table 1 (2019), https://www. irs. gov/statistics/soi-tax-stats-collections-and-refunds-by-type-of-tax-irs-data-book-table-1.

22. *See* Lester Snyder & Marianne Gallegos, *Redefining the Role of the Federal Income Tax: Taking the Tax Law "Private" Through the Flat Tax and Other Consumption Taxes*, 13 AM. J. TAX POL'Y 86 (1996).

23. INTERNAL REVENUE SERV., U.S. DEP'T OF THE TREASURY, PUB. 970, STUDENT LOAN INTEREST DEDUCTION 31 (2019), www.irs. gov/pub/irs-pdf/p970.pdf.

24. Bret N. Bogenschneider, *A Theory of Small Business Tax Neutrality*, 15 FSU BUS. REV. 33 (2016); see also Bret N. Bogenschneider, *The European Commission's Idea of Small Business Tax Neutrality*, 25 EC TAX REV. 221 (2016).

25. STUART ADAM, TAX BY DESIGN 41 (Oxford University Press 2011), www.ifs.org.uk\\uploads\\mirrleesreview\\design\\ch2.pdf.

第三章

理性机器人

我想象着有那么一天，我们对于机器人的关系，就像狗对主人的关系那样。要真有那么一天，我会站在机器人这一边。

——克劳德·香农

人工智能已经能够诊断疾病，起草法律合同，提供翻译服务。然而，要是这些人工智能系统造成损害，该怎么办？比如，机器没有诊断出癌症、把合同条款写错、挑起战争，该怎么处理？法律要怎么回应人工智能造成的事故？由于我们已经有处理这类事故的现成法律，侵权法将为这些问题的回答起到重要作用。不同于犯罪或者违约，侵权是指造成民事损害的行为，即一个人的行为造成另一个人损害。为此，侵权法使受害人一方向法院起诉的权利。侵权法的宗旨有很多，如减少事故，提供温和的争议解决机制，以及促进积极的社会价值观等。

虽然侵权法是否是实现上述宗旨的最佳方式还有争议，但法学家们还是一致认为，减少事故如果不是侵权法的首要目标，那至少也是核心目标之一。通过将受害一方的事故成本转移给造成损害的一方（侵权人），侵权法起到了防止不当行为的作用。具体而言，考虑到某一行为造成事故所要承担的成本超出行为的收益，一个纯粹的经济理性行为人会选择减少潜在危害性活动。这种责任架构对行为人的行为具有深远而复杂的影响。例如，对于新技术的引入，这种架构可能起到促进作用，也可能起到阻碍作用。

人类造成的绝大部分损害是按照过错原则来评估的，即行为人是否
承担责任取决于这个行为是否不合理。这通常要求有证据证明被告的行
为在行为时相对于可预见的风险是否不合理。过错原则的假设是，一个
拟制的客观“理性人”在相同情况下会如何行为。然而，当人工智能造
成同样的损害时，在现有法律框架下所要适用的却是严格责任。严格责
任是一种不需要考虑行为人过错的责任理论；它的适用不考虑被告的行
为是否具有社会道德层面的可责性。严格责任与过错责任的这种差异对
于新技术引进的速度会产生财务上的结果和相应影响。在人工智能的影 50
响方面，这种责任框架产生的是阻碍作用，因为人工智能跟人类实施相
同的行为却要承担更大的法律责任风险。当然，这也意味着，一旦自动
化能够提高安全，现有防止事故的法律框架就会产生相反的作用。

人工智能法律中立原则意味着我们所需要的解决方案是，在人工智能像人类侵权人那样在传统过错范式下行为时，人工智能的侵权行为也要适用过错责任，而不是严格责任。对人工智能侵权设定法律责任时，我们应当基于其行为，而不是基于其最初的设计，因为在人工智能系统存在复杂性或者有限可解释性的情况下，要证明其设计具有瑕疵是非常困难的。所以，这样的法律设计能够带来额外的好处。考虑到最终财产责任，在这种框架下人工智能的提供商(例如生产者和经销商)仍然应当要负责判断其行为是否满足理性人标准，而这是大多数情况下产品责任法的标准做法。

人工智能法律中立原则这种论证逻辑的最重要启示是，正如人工智能侵权者要等同于人类侵权人，人类侵权人也要比照人工智能侵权者来承担责任。一旦人工智能变得比人类更安全并能够实际替代人类，人工智能就应当对合理注意义务设定新的最低标准。换句话说，判断人类被告是否承担侵权责任，将不再按照在同等情况下人类理性人的标准，而

是采用理性人工智能的标准。

随着人工智能越来越超越人类，这样的规则意味着人类的最佳努力不再足以免责。当然，这并不会以自由和自治之名强制实施自动化，只是明确人类要为自己的某些行为自担风险。该规则符合理性人标准的一贯客观性要求，也将有益于提升广泛的社会福利。最终，随着人工智能侵权者所要适用的理性机器人标准的不断提升，当人工智能基本不会对人类带来损害时，这一标准的主要作用就是使人类侵权人在这时再造成他人损害的就要承担严格责任。

本章的余下部分分为三节，主要针对人工智能发展成比人类更安全并可实际替代人类的情况进行侵权法重构。第一节主要介绍机器致害及其法律责任标准演进的背景，包括谈论侵权法在损害防止方面的作用，以及过错责任和严格产品责任的发展。第二节主张某些自动化技术能够防止事故，但现有法律可能阻止更安全技术的采用。进而，本节提出人工智能侵权的新分类方法，主张对其适用过错责任而非严格责任，并就此提出了具体的实施方案。最后，第三节主张理性人工智能标准或者理性机器人标准应当在人工智能变得比人类更安全且具有可操作性时成为
51 合理注意义务的新标准。本节详细解释了理性机器人标准如何运作，何时适用于人工智能侵权者，并强调理性机器人标准要比加持了人工智能的理性人标准更好。在某个时点，人工智能将会变得如此安全，以至于这个标准的最重要影响是要求人类侵权人对事故成本加以内化。

第一节　机器致害责任

简史

只要人类使用机器，就不可避免地会造成他人损害，而机器伴随我们已经有很长一段历史了。简单机器和工具的最早证据可以追溯到数百万年前的石器时代初期，那时已经存在诸如滑轮和杠杆等可以改变力的

方向、让工作变得简单的机器。事实上，石器时代得名就是因为那时人们利用石头做成了石斧等简单机器。毋庸置疑，这些工具的主要功能是用于打猎和切肉，但他们也可以用来故意伤害他人——当然也可以是过失。随着简单机器的广泛适用和不断复杂化，所造成的损害也是如此：美索不达米亚外科医生手术技术拙劣，希腊建筑区域是如此的危险以至于随时要求有医生在场。从古代中国人和希腊人发明复杂机器到第一台现代工业机器诞生，这样的伤害就一直有增无减。

工业革命标志着机器在社会中所扮演角色的第一次转变。这个时期的主要技术进步体现在纺织、交通运输和炼铁方面，这些发展带来了材料成型机器的发展、工厂的兴起，也带来了机器致害在数量和严重程度方面的急剧飙升。在工业时代上班是有风险的，部分是因为雇主对工伤承担很有限的责任。这样的高风险工作条件一直持续到20世纪，直到美国政府开始系统地收集和研究工伤的数据。美国劳工局在1913年估算出在3 800万名工人中有2.3万名工人死于工伤(尽管这不是理想的机器致害数据)，即每1万名工人中就有61人死于工伤。[1]

进入现代，工伤概率显著下降。例如，美国劳工局在2017年报告当年致命工伤5 147起，概率是每1万名工人中3.5名工人遭受致命工伤。[2]有下述几个原因可以解释这种下降：侵权责任的改变、更强调人类优先的社会伦理规范、保护工人的现代规则系统和刑法责任体系以及安全技术的改进。然而，尽管工作场所的安全取得了长足进步，但事故仍然是严重的社会问题。每年仅发生在美国工作场所的事故就造成约1 900亿美元的损失和约4 000人的死亡。更广泛地说，每年意外伤害造成的损失大概是8 500亿美元，超过15万人死亡，约占所有死亡 52
人数的6%。根据美国疾病预防控制中心的数据，意外伤害是第三大死亡原因。

侵权法作为预防事故的机制

工伤减少的部分原因是侵权法为更安全行为提供了更强的经济激励。侵权法从旨在让雇主和生产者免责的系统，演变为更考虑工人和消费者健康的制度。为了减少事故，侵权法对行为产生了深远有时甚至是复杂的影响。它既能促进新技术的引进，例如青光眼测试技术的使用(验光师办公室有义务使用非接触式眼压测量技术)，也可以抑制新技术的使用，例如采用以习惯做法为基础的注意义务标准的医疗护理领域。一般而言，侵权以过错程度(或者基于所保护利益)进行分类。如果把这种分类比作光谱，那么在光谱的一端是涉及故意伤害或恶意的故意侵权，在光谱的另一端则是适用严格责任即不考虑过错的侵权，位于中间的“海量案件”则是涉及疏忽的侵权。[3]

疏忽

疏忽概念是法院处理事故和意外伤害案件的主要理论。在实践中，在绝大多数个人损害案件中要想获得胜诉，原告(或者索赔人)必须以优势证据(即更有可能是)证明被告(或者答辩人)对原告承担合理的注意义务，但其违反了该义务，并导致原告的损害，且原告遭受的是可赔偿的损害。这就通常要求证明被告基于疏忽的心态行事，也就是说被告的行为相较于可预见的风险而言是不合理的。这个标准是基于在相同情况下一个拟制的客观理性人会如何行事。因此，如果法院确定一个理性人不会在没有电台(用于接收恶劣天气警告)的情况下出海、在生产的姜汁啤酒里放蜗牛，或者高空坠物(所有真实而著名的案件都涉及疏忽行为)，那么被告这样做了就要承担责任。

有时，我们的社会存在相互竞争的价值需求：一方面要减少损害和赔偿受害者，另一方面要鼓励经济增长和发展。侵权法实现二者平衡的路径之一是，仅在被告行为具有社会可责性时允许原告从被告的疏忽行
53 为中获得填平式的损害赔偿。因此，若被告以合理方式行为，即使对原告造成了严重损害，通常也不需要承担责任。陪审团在根据案件事实确定具体的理性人标准方面起着重要作用。

严格责任和产品责任

虽然绝大多数案件要考虑“疏忽”，但还是有例外的。例如，因实施诸如处理危险废物或者使用爆炸物等特定类型行为造成他人损害的，

被告要承担严格责任，即不考虑被告是否有过错。因此，作为被告的企业在给农作物除尘之前即使采取了所有必要措施防止他人损害，但如果仍造成旁观者损害，该企业依旧要承担责任。严格责任在当代的最重要应用之一是产品责任，即因产品的缺陷或者有关产品属性的虚假宣传而导致他人损害的，产品的相关商业主体要为此承担责任。

美国一年的产品致害案件高达2亿起。在大多数情况下，产品的供应链成员（如生产者和销售者）要为瑕疵产品承担严格责任。绝大多数产品致害案件都涉及受害人向产品生产者或者销售者主张损害赔偿。通常，原告都会试图证明其所受损害是因为产品的固有缺陷或被告的营销，并且被告的产品确实有瑕疵或者被告确实实施了有关产品的虚假表示。相对应地，被告则试图证明产品的设计和生产是合理的，并且其所开展的有关产品的营销是准确的。有时，被告还会抗辩原告的损害是因为不适当的产品使用或者其他非产品因素。

值得注意的是，产品责任并非总是严格责任。起初，美国法院沿袭英国适用于产品责任的买方自慎学说（即让买方意识到），这反映了当时的法律哲学是个人主义和商业自由。然而，到了19世纪末，美国开始采用卖方自慎学说（让卖方意识到）和默示商品质量保障。根据卖方自慎学说，“卖方以一个合理的价格出售产品也就产生了默示的担保，即卖家根据已知和未知的因素确定所销售的商品是没有缺陷的”。[4]然而，即便如此，有一大部分生产者还是能够通过主张他们与消费者之间缺乏合同关系（合同相对性原则）而逃避瑕疵产品的责任。这是有可能的，因为在绝大多数情况下消费者是从产品销售者而不是直接从生产者那里购买商品。不过，合同相对性原则因为1916年美国纽约上诉法院判决的麦克弗森诉别克汽车公司案（MacPherson v. Buick Motor Co.）而改变。该案中，一名司机因其别克汽车的木轮倒塌而受伤。他试图起诉生产者（别克）而不是经销商。法院驳回了被告有关合同相对性原则的抗辩，判决“如果具有可预见危险产品的生产者知道其产品是由消费者而不是经销商使用的，而且使用时未进行新的测试，那么不论是否与消费者存在

54 合同关系，生产者都有责任审慎制造”。[5]该案在全美掀起了针对产品生产者的过失侵权责任的诉讼，而各州法院陆续采用该案的新标准。这种转变也有其历史背景，即越来越多的公众支持消费者保护，公众也知道要求生产者承担这种责任并不会给其开展商业活动带来过重的负担。毕竟企业往往处于防止产品致害的最佳环节，而且还可以通过保险分摊责任。

1963 年，加州最高法院在格林曼诉尤巴电力产品公司案(Greenman v. Yuba Power Products Inc.)中判决，瑕疵产品生产者要为其产品致害承担严格责任。该判决代表着美国现代产品责任规则的诞生。从此以后，产品严格责任学说就在全美广泛传播。

当然，我们今天的产品责任法并不像前面简述的那样简单。产品责任法融合了侵权法(如疏忽、严格责任和欺诈)，合同法(如保证)，普通法和成文法(如美国《统一商法典》第 2 条规定的销售规则)，以及州层面“改革”的大杂烩。值得注意的是，州法常常为了限制消费者权利、保护生产者而尝试改革产品责任法。然而，就我们分析人工智能侵权责任的目的而言，我们还是可以这样说：通常情况下，生产者和销售者对其瑕疵产品致害要承担严格责任。

第二节　人工智能致害的侵权责任规则

自动化可预防事故

2018 年 3 月 18 日，优步运营的自动驾驶汽车在亚利桑那州撞死了行人。在当晚 10 点左右，该自动驾驶汽车沃尔沃 XC90 在撞到骑着自行车过马路的伊莱恩 · 赫茨伯格时，处于自动驾驶状态。该汽车配备了光探测和测距系统(激光雷达)，即用脉冲激光探测目标并用传感器测量反射脉冲。不论白天还是黑夜，雷达应该能够发现远在数百英尺之外的物体。的确，优步的自动驾驶软件检测到赫茨伯格但没能及时刹停。因为该车还处在测试阶段，优步配备了“备用”人工司机在自动驾驶软件失效时及时控制车辆。然而，当时这个司机却正在用她的手机看电视综艺节目《好声音》，没能及时注意到赫茨伯格。而且，赫茨伯格当晚穿过的马路是没有路标和灯光的。如此，好像有好多额外的因素可以归咎，但自动驾驶汽车在大活人面前没能停住仍然说不过去。这是第一次涉及自动驾驶汽车撞死行人的事件，也是公认的第一起自动驾驶致死事故。早先也有报道特斯拉车主在启动其自动驾驶系统“自动巡航”时造成的死亡事故，但监管机构认为，这些事故都不是自动驾驶系统的故障造成的。

有关自动驾驶汽车的民调显示了让人喜忧参半的反馈，但更多的是
负面意见。例如，美国汽车协会 2016 年调查显示，四分之三的受访美 55
国司机说他们开自动驾驶汽车时感到“害怕”。[6]只有五分之一受访者认为他们坐上自动驾驶汽车时会信任无人驾驶汽车可以自行安全驾驶。另外一个调查显示，英国民众认为路上的自动驾驶汽车让人感到不安，并有超过四分之三的受访者希望自动驾驶汽车保留方向盘。[7]相反，监管者则更乐观，但还是比较谨慎。至少 2016 年，美国加州要求，自动驾驶汽车在公共道路测试时必须配有人类驾驶员。如今，无人驾驶汽车可以在满足特定条件下在公共道路行驶。

然而，大部分关于自动驾驶汽车的公开讨论都具有误导性。关键的问题并不在于人工智能是不是完美的（它不完美），而在于它是不是比人类更安全（它会是）。94%也可以说几乎所有的事故都涉及驾驶员的过错。一个驾驶员每驾驶 1 亿英里就会造成一次死亡事故，由此导致了巨大的人员伤亡和财政负担。美国交通部估计这些事故造成的经济损失超过 2 400 亿美元。每年美国机动车导致 3.5 万人死亡，而在全球这个数字超过 100 万。换句话说，平均每 25 秒就有一个人在车祸中丧生。

相反，优步自动驾驶汽车在行驶了数亿英里才发生第一次死亡事故。同样重要的是，无人驾驶技术还处于起步阶段，在未来十年能够得到显著的提升。当自动驾驶汽车十倍安全于人类驾驶员时，美国每年机

动车致死事故就可以降至 3 500 起。这是麦肯锡咨询公司一份报告的结论，该报告预测自动驾驶每年减少自动车死亡事故 3 万起。[8]尽管如此，该报告预测自动驾驶技术要到 21 世纪中叶才可能达到这个水平并得到广泛采用。

自动驾驶汽车恐怕是人工智能带来严重风险的最显著也是最具颠覆性的自动化应用场景，但人工智能在其他更多的应用场景中已经能够提升安全性。例如，IBM 公司的人工智能沃森可以和临床医生一道分析病人的医疗记录，并提供基于证据的癌症治疗方案。如同自动驾驶汽车，沃森并不需要在提升安全方面做到完美，它仅需要比人类医生做得更好即可。要知道，医疗过错是导致死亡的主要原因之一。

虽然不同调查的结果有所不同，但《英国医学杂志》2016 年的研究表明，医疗过错在美国是第三大致死原因，仅次于心血管疾病和癌症（美国疾病预防控制中心将意外伤害列为第三大致死原因，但并没有将医疗过错纳入调查）。[9]一些企业宣布他们开发的人工智能已经在一些任务上要比医生做得更好。我认为，这些主张是可信的。我们认真考虑一下，在能够获取和完美检索全部的医学著作、从治疗过数百万病人的医生那里获得经验并且不会疲劳的情况下，人工智能为什么就不能超越人
56 类呢？

严格责任成为自动化的障碍

要了解现有侵权法框架为什么阻碍自动化，我们需要回到它在企业采用人工智能替代人工的决策上起到的经济学影响。实践中，要计算人类驾驶员与自动驾驶的成本。劳动力的成本超过了他们的薪水和工资，包括第二章讨论的雇主要为雇员承担的纳税义务，如社会保障、医疗保险税、州和联邦的失业税、工人补偿；雇主承担的医疗保险部分；带薪假期、假期、病假；以及有关退休、养老、储蓄和分红计划的投入。相对而言，人工智能的成本可能更容易估算，但这些成本也具有不确定性。除了购买或许可成本和税收外，人工智能还可能存在与维修、维护和操作相关的成本。

企业实施自动化的决策除了涉及与雇用运维人员的直接费用之外，还涉及了已知和未知的间接的经济和非经济成本。例如，员工可能需要职业培训或者因为生病无法工作；人工智能需要软件升级或者会出现故障。雇用人类运维人员可能产生更多的法律、行政管理、合规和就业要求方面的成本。人工智能可能侵犯他人专利，或者出现负面新闻。此外，该决策还要考虑更广泛的社会政策问题。例如，企业感觉到自动化可能加剧贫富差距和失业而可能倾向不选择自动化。当然，企业的本质是追求股东的最大利益，而这个通常被解释为利益最大化而不主要是承担社会责任。

因此即使人工智能和人类在功能上可以互换，企业要决定雇用人类还是人工智能，仍然非常复杂。当然，这些决策是企业所擅长的，即作为一个经济理性人来评估不确定的成本并作出决策。侵权责任不会是企业作出上述决策的唯一考量因素。然而，总的来说，侵权责任还是会影响人工智能的应用。

如前述其他因素，侵权责任的成本也不是简单而确定的。例如，作为最终用户的企业可能并不直接就人工智能致害承担责任。通常情况下，人工智能因瑕疵致害的责任是由生产者或者供应链的其他成员来承担。相反，企业一般要为其员工的过失致害承担责任，尽管企业也可以通过其他手段来限缩责任，例如在依靠劳务派遣机构的情况下，用工企业通常无须为劳工的过错致害承担责任。

然而，即使这些责任由提供商或者劳务派遣机构承担了，这些责任还是会间接影响到企业的运营。例如，生产者或者销售者可能将成本以更高价格的形式转嫁出去，又或者需要向劳务派遣机构支付高于直接雇用员工的费用以覆盖该机构承担劳工派遣期间的风险。这些成本有多大比例转嫁给企业或者消费者，取决于产品的市场和价格弹性。应该说， 57
侵权责任对于企业行为的经济影响始终不会改变，不论该责任是间接而复杂的，还是企业通过购买保险来管理风险。

如果人力和人工智能的成本是一样的，那么企业使用哪一种的选择应当是中立的。然而，假定侵权责任作为变量纳入考虑，同时假定人工智能和人力在安全上也是相当的，企业还是会倾向雇用人力。原因很简单，由人的过错造成损害承担的是过错责任，而人工智能造成同样的损害却要承担严格责任。此外，确定严格责任要比过错责任容易得多，因为严格责任并不要求生产者存在过失，只要求其产品存在缺陷或者虚假宣传。因此，至少在侵权责任方面，我们的法律还是支持企业雇用人力而不是人工智能。只要将人工智能当作“普通产品”，而普通产品默认采用严格责任，那么这个规则永远不会改变。

人工智能侵权应适用过错责任

将人工智能侵权适用过错责任能够带来显著的改善：加速那些能够提升安全的自动化技术发展。毋庸置疑，从严格责任转向过错责任会带来一些弊端。如前所述，严格责任对生产者生产更安全的产品具有更强的激励作用，同时生产者相对于消费者在预防风险方面处于更有利的位置。当然，这些因素是法院最初采用严格责任的原因。然而，当人工智能比人类更安全时，人工智能侵权就不同于其他产品致害，因为它能带来净安全收益。

为了说明这一点，我们不妨想象一下这样的场景，即自动驾驶汽车在现有的技术条件下要比人类驾驶员安全 10 倍。相对于把自动驾驶的安全水平提高到比人类驾驶员安全 100 倍，在这种情况下用一个自动驾驶替换一个人类驾驶员是更好的选择。要弄明白这一点，我们可以假定一个只有两辆车的封闭实验，在这个实验中，人类驾驶员造成致命事故的概率是行驶 1 亿英里致 1 人死亡，自动驾驶（C-A 型）的是行驶 10 亿英里致 1 人死亡。因此，C-A 型自动驾驶要比人类驾驶员安全十倍。那么，人类驾驶员和 C-A 型自动驾驶同时驾驶 100 亿英里，总的致命事故是 110 起。

现在，想象一下，C-A 型自动驾驶的安全系数提高了 10 倍，由此其致命事故率降低为 10 亿英里 1 人死亡（这个级别称为 C-A+）。那么，人类驾驶员和 C-A+型自动驾驶同时驾驶 100 英里，总的致命事故变为

101 起。然而，与其将注意力集中在努力提高 C-A 型自动驾驶的安全性，我们不如把实验中的那位人类驾驶员换为 C-A 型自动驾驶，那么这两辆 C-A 型自动驾驶汽车同时开上 100 亿英里，你就会发现总的致命事故瞬间变为了 20 起。因此，一旦人工智能变得比人类更安全，特别是变得持续稳定地比人类更安全，那么采用人工智能进行自动化就会显著降低事故率。在这个时候，扩大更安全技术的应用就是一个更优选择，58
即使代价是降低逐步提高产品安全系数的激励。

无论如何，过失责任仍然会促使生产者为了减轻责任而提高人工智能的安全性。如果人工智能造成了如果是人就能避免的事故，那么人工智能的行为就低于理性人标准，企业要为此承担责任。当然，以安全系数低于人类的人工智能进行自动化并不受欢迎，这就是为什么各司法管辖区禁止不受限使用全自动驾驶汽车。因为自动驾驶汽车在现有技术条件下并不能在任何情况下都超越人类驾驶员，这时就要提前将它们限制在特定场景中使用，而不是等到它们造成事故要进行赔偿时才作政策选择。

然而，只要侵权责任法的政策目的不是禁止人工智能使用，而是限制相对不安全技术的引入和使用，那么对人工智能致害采用过错责任还是能够取得令人期待的效果：当人工智能造成人类可以避免的事故时，人工智能生产者要在经济上承担责任。这种情况是有可能发生的，例如人工智能的安全性在出厂时被错误高估了，又或者有其他更优理由进行自动化。例如，特斯拉有理由相信其自动驾驶汽车要比人类驾驶员安全得多，但特斯拉汽车进入市场时却没有达到公众的预期，比方说，特斯拉并没有考虑到加州之外的其他州市民对自动驾驶的反应。

应当承认，即使通常要比人类更安全，人工智能还是会造成事故。如果造成了人类都可以避免的事故，那必然要承担责任。通常情况下，自动驾驶汽车平均行驶 10 亿英里会造成 1 起事故，而人类驾驶员是每 1 亿英里造成 1 起事故。尽管如此，人工智能造成的任何具体事故仍有可能是不满足理性人标准的。相比之下，生产者拥有最优信息来确定投资以进一步降低事故风险是不是更优选择(例如，是否为了降低事故风险一个百分点而为每辆自动驾驶汽车支付额外 10 000 美金，或者支付额外事故的损害赔偿)。

由于非经济的高安全水平可能带来让消费者望而却步的高价格，高安全水平并不总是更优选择。如果社会不满足于生产者基于成本收益考量而提供的最优安全系数，非侵权机制就有可能出台，例如监管部门强制要求生产者达到给定的最低标准。最终，如果风险分担成为顾虑，即使企业处于购得保险的更优地位，消费者也可以选择购买保险，特别是在机动车场景下。

此外，我们还有进一步理由去区分麦克弗森案中的别克汽车这类普通产品与诸如优步自动驾驶汽车这种人工智能侵权者。今天，社会与技术的关系已经发生了变化。机器不再仅仅是个人驾驭的笨拙工具，相反，至少在一些场景下，机器已经接管了原本人类才能完成的工作，并
59 且造成损害的类型也是一样的。区分普通产品与人工智能侵权者的标准是独立与控制。对于自动化人工智能，只要设定所要完成的任务，它在功能上自己就能够确定完成这些任务的方法。在一些情况下，机器学习会产生不可预期的行为，因此机器学习实现特定任务的方式不仅设定任务的人无法预测到，而且该人工智能的最初设计者也无法解释。

即便如此，普通产品和人工智能侵权者的区分标准仍然不能以可预见性为标准，而是应当基于实际的社会效果的标准。例如，对于乘客而言，自动驾驶汽车使用的到底是什么类型的人工智能并无差异。不论是根据开发者设定的固定或者专家规则行为，还是根据更复杂的诸如神经网络等机器学习算法产生新的有时甚至是不可预见的行为，人工智能在物理层面产生的结果都是一样的。在终极层面，侵权法的设计目标应当为降低人工智能致害的事故率。

确定人工智能侵权

我们应当明确，并非所有涉及机器或者人工智能的损害都可以认定为人工智能侵权。为了阐释清楚，我们来考虑两个假设的事故：

场景1　起重机操作员错误确定钢架要放置的位置，结果砸中过路人。

场景2　起重机操作员在常规条件下合理操作起重机，但结果起重机翻倒，压到了过路人。

在场景1中，在起重机和操作员之间，很显然（可以假设）是操作员的过错（尽管天马行空的原告律师可能会主张起动机允许这种结果的发生是因为设计时存在过错）。在这里，尽管缺少起重机这个事故就不会发生，但起重机并未介入操作员的直接和可预见的行为发生链条当中，它只是造成这个损害结果的事实原因。在场景2中，要确定过错是很直观很明显的，即是机器的过错，而不是操作员的过错。操作员已经尽到了合理注意义务，这个损害应归咎于（这里同样可以假设）有瑕疵的起重机。

这两个场景会出现不同的责任承担。在第一个事故中，操作员及其雇主要为过路人的损害承担过错责任，因为操作员没有尽到合理注意义务。在第二个事故中，起重机的生产者和销售者要为过路人的损害承担严格责任，尽管生产者已经在起重机的设计和制造过程中尽到了最大的注意。在这两个场景中，操作员操作起重机使用的是基本与数千年前一样的方法。诚然，今天的起重机采用更复杂的设计、用更坚固的材料制造、利用电力，但操作员和机器之间的基本互动关系并没有多大改变。 60
起重机用于建造摩天大楼、滑轮用于建造吉萨金字塔、起重机用于建造帕特农神庙等，都涉及人类操作员利用简单或复杂的机器来控制物体的运动，从而改变力的方向或者放大力的作用。

现在，我们想象一下第三种场景：

场景3　人工智能运营的无人驾驶起重机在错误确定安放位置后，放下钢架砸中过路人。

现有法律以相同方式对待场景2和场景3，因为都涉及有瑕疵的产品。然而，在很多重要方面，场景1和场景3更紧密相关，它们都涉及相同的行为和结果。在场景2中，机器是被当作工具来利用。在场景3中，人工智能取代了人类操作员，并与人类操作员一样操作。如果人工智能这时是人，那么它所要承担的是过错责任并根据理性人标准来最终确定是否承担责任。只有在规则上区分了人工智能侵权和其他侵权，我们才能改变这些事故的责任承担，并最终确定由人工智能侵权者的提供商来承担过错责任。由此，我们就能在具体场景中区分不同的事故责任类型，在某些场景中机器仅是工具而过错源于人（场景1），有些场景涉及的是普通产品的过错（场景2），有些场景是人工智能侵权（场景3）。

人工智能侵权适用的情况是，人工智能从事的工作是人类也可以从事的，而且人工智能完成工作的方式如由人类来实施则会适用过错责任。如这个规则适用于起重机的三种场景，那么场景1中的操作员要承担责任，因为该操作员的粗心，而且起重机并没有介入操作员行为所引发事件的发展链条。场景2中生产者要承担严格责任，因为该场景中操作员并不能被起重机所合理替代。场景3则应当适用生产者过错责任，因为人工智能正在实施的行为是人类也可以实施的。换句话说，场景3中人工智能可以被人类合理替代。

该规则有时适用起来非常清晰。例如，人工智能处于放射科医生的身份但错误解读病人胸部X光，那么人工智能此时构成人类侵权人，而发生故障的X光设备则是普通产品。然而，该规则有时适用起来可能没有那么清晰。例如，心电图机器是急诊室用于评估病人心率的重要设备，它通常能够提供原始数据的解读，但一般会告知所有的解读都是初步的，医疗服务提供者要最终为其诊断负责。

在自动驾驶汽车的场景下，根据得到最广泛接受的自动驾驶等级架构，自动驾驶汽车根据“谁在什么时候做什么”的标准可以分为0—5的等级。[10]在0级，人类驾驶员掌控一切；在5级，自动驾驶汽车可以在任何原本只有人类才能驾驶的条件下完成所有驾驶任务。在0和5等级的区间内，机器和人类之间存在着不同程度的辅助、控制和交互。因
61 此，机器自主是在一个持续状态中存在的，在某些情况下很好识别人工智能是像人类一样工作还是仅仅作为一个普通的产品提供辅助功能；在

其他情况下，人类和人工智能之间的责任和决策可能会有所交叉。

当个人和人工智能对某个损害结果的发生都有影响，二者可能要为各自行为的部分承担责任，不论具体的责任承担方式是共同连带地承担，还是各自承担各自的部分。在人类驾驶员和自动驾驶同时存在过错的情况下，二者可以认定为具有同等的过错，例如优步的自动驾驶系统没有在行人面前及时刹停，而备用驾驶员正在看电视节目。心电图机器通常提供的分析具有一定的价值，但公众普遍认为它还没达到人类医生的水平，所以大家还无法正当预期由其取代人类医生的诊断。所以，心电图机器最好是认定为仅仅构成普通产品，而作出最终判断的医生则按照医生常规的责任标准来承担责任，即为其医疗过失承担责任。这种责任框架很可能导致生产者不再提供原本对医生有价值的分析服务。

然而，那些很显然已经实现人类工作自动化的产品的提供者，不能仅仅因为对产品作出了免责声明就可以规避责任。此外，过错责任适用于人工智能也并不要人工智能已经实际取代了人类，而只需要其正在完成人类可以合理完成的工作即可。因此，如果一家新出租车企业仅仅使用自动驾驶汽车，那么这家公司并没有用人工智能替代人类；人工智能只是在做人类驾驶员也可以完成的工作。相反，出租车除了自动驾驶软件之外的部件(例如引擎)并不能由人类来合理替代。因此，自动驾驶软件可以构成人工智能侵权者，但自动驾驶汽车的其他部件则不能认定为是人工智能侵权者。

过错标准应当集中于审查人工智能的行为，而不在于人工智能的设计或生产是否存有过失。值得再次强调的是，人工智能是在传统过错责任范式下取代了人类，如此一来人工智能是被当作人来对待，而不是作为工具意义上的产品来对待。对于事故的受害者而言，造成损害的人工智能是怎么“想”的无关紧要，唯一重要的是它是怎么做的。质言之，人工智能设计得再完美，受害者都有权要求其谨慎行为。

值得注意的是，还有其他重要原因要求我们将责任分配的焦点集中于人工智能的行为而非其设计，正如第一章所讨论的，许多诸如采用机器学习的人工智能系统正变得越来越复杂和难以解释，以至于任何人在实践中都难以或者无法确定为什么人工智能要这么做，例如可能连自动驾驶汽车的提供者都无法解释为什么其所开发的自动驾驶汽车要闯红灯。不过，如果损害结果是源于自动驾驶软件的瑕疵，那么就有必要证明这个产品是存在瑕疵的，并由此确定相应的责任。更糟糕的是，在诉讼中，原告证明涉案产品存在瑕疵要比被告自己进行证明肯定要难得多。这时，原告就有必要请专家证人（相当昂贵）来调查自动驾驶汽车的人工智能是否存在瑕疵，当然前提是法官准许专家证人作为外部人员进
62 入涉案提供者的自动驾驶智能系统。要启动这样昂贵的调查，不是一般事故受害人会选择的，所涉案件的损害没有数百万美元也得数十万美元以上。

在美国司法系统中（尽管不是英国司法系统），原告即使胜诉也通常无法全额收回维权成本。在一些案件中，受害人最终获得的损害赔偿可能还不足以支付律师费和专家费，这就意味着一些本有价值的案件都没有得到起诉。相反，过错责任关注的是人工智能的行为，重点在于判断该行为是否未达到理性人标准。因此，对于自动驾驶汽车闯红灯的问题，只要问理性人在这种情况下会不会闯红灯即可。这样一来，案件就变得很简单，维权成本相对也要低廉很多。

当然，在一些过失甚至是产品瑕疵的案件中，原告可以用到的证据有时还包括被告的理由、逻辑和错误行为甚至是常识。举一个例子，事实自证学说——“事实自己说话”——允许原告用间接证据推导出被告具有过错。如果一个桶从建筑物上掉下来砸伤行人，该行人可能很难甚至无法证明是什么导致这个桶掉下来。然而，如果不是因为某个粗心的行为，这个桶也不会无缘无故掉下来，因此仅仅是桶掉下来这个事实就足以证明被告有过错，除非被告有相反证据足以推翻其存在过错。

类似地，手术后某个医疗器械留在了病人体内的医疗事故也足以证明被告的过失，尽管病人可能无法证明当时是怎么发生的。然而，包括事实自证学说在内的推理在解决人工智能侵权者提出的挑战方面也不是

万能的。例如，美国不是所有州都认可事实自证学说。有些州要求被告对涉案产品享有排他控制权(在涉及多个主体的案件中就很难证明)，有些州则不允许事先推定产品存在瑕疵。为了避免推定和对被告的不公，各司法管辖区对推理的使用都有类似的限制。毕竟，事故的发生如果只是涉及某个产品，并不必然意味着这个产品本身存在缺陷。

损害赔偿责任

由于人工智能本身不享有财产权，人工智能侵权不可能让其直接承担损害赔偿责任，不论是采用严格责任还是过错责任。事实上，人工智能是作为财产被拥有，并不会感受到人类受财产责任阴影笼罩那样的影响。就财产责任的目的而言，按照产品责任法确定的财产责任仍然由人工智能生产者或者其供应链的其他成员来承担，这是处理涉及多个一般产品设计、制造或者销售主体等复杂情况的一贯做法。例如，这些规则适用如下的场景：苹果公司和德尔菲(Delphi)公司共同设计自动驾驶汽车软件，这些软件后续许可给通用汽车公司用于制造其自动驾驶汽车， 63
而这些自动驾驶汽车最终又租赁给来福车(Lyft)公司。值得注意的是，企业可以通过合同来改变默示的责任规则。大型复杂的生产者和销售者通常更具有这样的谈判实力。例如，为了获得更优惠的自动驾驶软件许可和自动驾驶汽车租赁的合同条款，通用汽车公司可能愿意为苹果公司、德尔菲公司和来福车公司承担更大的责任。

又或者，人工智能的所有者要为其使用人工智能造成的损害承担责任，这就好比根据替代侵权责任的规则将人工智能侵权者当作雇主的员工。所谓替代，就是为别人的行为承担责任。在自动驾驶场景中，我们特别容易想象到自动驾驶汽车的所有者会通过购买保险的方式来转移责任。因此，我们也可以预见保险单很快就成为销售自动驾驶汽车的标准配置(或者购车时提供保险优惠)。由人工智能所有者来承担责任会进一步激励自主人工智能的生产，因为生产者这时承担相对较少的责任。不过，相对应地，这就会导致人工智能推广起来相对较难，因为所有者不仅要花钱买人工智能产品，还要承担生产者所未承担的那部分责任。当然，如果自动驾驶产品的价格能够降下来，那么这种冲突效应会得到抵消。不过，归根结底，人工智能生产者还是处于提高产品安全和权衡新技术风险与收益的最优地位，由人工智能的所有者来承担责任显然不是最理想的解决方案。

实践中，自动驾驶汽车事故不同责任标准的经济效应会通过保险成本反映出来。由于保险公司是基于风险设定保费，一旦自动驾驶汽车远比人类驾驶员要安全得多，自动驾驶汽车的保险费率就会降低，而人们购买传统汽车的保费相对还要升高。此外，如果根据更宽松的过失标准，自动驾驶汽车的保费会更低，由此也会促进自动驾驶汽车的普及。相反，如果自动驾驶的生产者和销售者而不是所有者要为自动驾驶事故承担责任，保险负担也就从所有者转移到生产者，尽管最终的成本还会以更高的销售价格分摊给所有者。

过失责任的替代方案

从严格责任转向过失责任并非鼓励自动化的唯一手段。从过去政府促进创新的做法来看，政府还可以通过为人工智能生产者和销售者提供经济激励，鼓励更为安全的技术的开发和普及。例如，批准某项前沿人工智能的研发，为企业建厂购买设备提供贷款，提高知识产权保护力度，授予特别荣誉，提供税收优惠甚至政府担保等都是很好的激励方式。

64 政府甚至可以为消费者购买自动驾驶汽车提供贷款，类似于美国政府过去提供的汽车津贴回扣系统（CARS），即人们更熟知的“旧车换现金项目”——消费者用旧车置换新车可以获得 3 500—4 500 美元代金券。这个项目花费了美国政府 30 亿美元，旨在提供短期经济激励，鼓励美国汽车生产者开发更安全、更清洁、更省油的燃油汽车。最终，尽管有人质疑这个项目在刺激美国经济和发展国产汽车方面的有效性，但这个项目确实提高了汽车的燃油效率和安全性并受到消费者的欢迎。类似地，政府也可以为消费者以旧车置换自动驾驶汽车提供代金券。

即使激励措施仅限于侵权责任，我们也可以转向过错责任。通过州或联邦的侵权法改革，生产者的责任可以得到限缩，如设置损害赔偿的上限、限制应急费用（律师可以从客户所获的赔偿中获得律师费）、强制定期付款或者减少法律法规的限制（起诉时效）。强制性规定也是政府提升人工智能安全，主要涉及行业必须达到最低安全标准或者采取指定技术的强制性要求。例如，当自动驾驶汽车比人类驾驶员安全十倍乃至百倍，法律禁止人类驾驶员自己驾车上路。当然，只有自动化获得了压倒性优势且安全性无可挑剔时，这些监管方案才是最合适的。

尽管如此，我们还是有理由认为，不以强制自动化为前提的过错责任转向才是首选方案。只有这样才对消费者和商家都友好。相较于商家，消费者个人更难以承受事故的责任，所以他们也应从降低自动化风险中获益。绝大多数消费者要的是从一开始就远离受害，而不是等到遭受损害后要一个高获赔率。对于商家而言，适用过错责任当然降低其经营成本（这也会反过来降低产品的价格）。

转向过错责任后，自动化市场就可以自行运作，不需要政府基金支持、额外的产业监管成本或者新的行政监管责任。这种转向，依靠的是传统的责任分配机制和普通法，但得到的是渐进性改革方案。相较于其他更激进的方案，这种转向产生不可预期后果的风险更低。因此，人工智能适用过错责任应当是一个政治上可行的方案。最终，当政策制定者逐渐认识到人工智能提升安全性时自然会鼓励自动化，到那时也就没有必要再依靠单一机制来推动自动化。换言之，到那时，除了转向过错责任之外，政府可以批准新人工智能的研发、消费者贷款，还可以对某些具体场景进行直接监管。 65

第三节 理性机器人

一个人要是天生笨拙，做事又草率，那就免不了要经常制造麻烦，最终伤到自己，殃及旁人。很显然，在老天爷面前，他的先天缺点不算什么。但是，对旁人而言，他的过错不啻为一种罪过。

——奥利弗·温德尔·霍姆斯

过失何时也适用严格责任

对于能力低于普通人的人，过失责任在实践中几乎也变成了严格责任。存在缺陷或者残疾的人可能无法做到普通人应有的谨慎，也可能无法保持“正常行为”。1837年的沃恩诉门洛夫案（Vaughan v. Menlove）就涉及这个问题，被告智力低于普通人。被告律师抗辩道，要让被告遵守普通人的行为标准是不公平的，他要遵守的应当是低智力人群的行为标准。不过，法院驳回这个抗辩，判决在任何涉及过失的案件中都要遵守普通人的合理注意义务。正如著名美国大法官奥利弗·温德尔·霍姆斯所指出的，“法律所要考虑的……是什么对普通人而言具有可责性。普通人的智力和谨慎决定了被告所要承担的责任。如果我们的智力低于普通人的水平，那就是我们自己的不幸”。[11]这一点在今天同样适用：司机视力差、反应慢又紧张，一旦造成事故，仍然不能逃脱责任。

这个规则也有好处。从逻辑上讲，正如沃恩案那样，在确定被告的实际犯罪意图时，很难将被告个人的特殊情况予以单独考虑。从管理目的而言，采用外部的客观标准要比证明个人能力和犯罪意图更容易操作。实质上，这个规则在强化社会规范的同时产生了更强的威慑力，大大加强了每个人对他人也能遵守普通人标准的期待。正如霍姆斯大法官所指出的，行为能力差的人造成的损害一点也不比正常人造成的损害轻微。因此，这个规则有利于提升社会福利，但同时也说明对于一些人而言只是做到自己能做到的最好程度仍然不够。这些开车能力差的人要自担风险，或者他们“恐怕从一开始就不应当开车”。[12]

另外一种笨拙和草率

总的来说，人类算不上是最好的司机，即使他们不在酒后开车、不在高速上睡着，也不在玩《宝可梦GO》时撞上警车。然而，要是跟人工智能相比，又会是一种什么情况？过不了多久，人工智能就会比普通的人类驾驶员要安全得多，然后比所有人类驾驶员都要安全。避免伤害原则表明，一旦自动化是可以付诸实践的，而且这样做也更安全，那么 66
人工智能就应该成为新“理性人”或者新的合理注意义务标准。在实践中，这将意味着被告要根据一个理性人工智能而不是理性人类在同一场景下会如何行为来判断其是否有过错。例如，如果理性人在开车过程中突然遇到一个小孩跑到车前而无法刹住车，那么被告在这种情况下撞到小孩就不用承担责任。然而，这个被告很快就要为此承担责任，因为普通自动驾驶汽车在相同场景下能够防止这种损害。事实上，具备超越人类视野的外部摄像头和配备超级快速作出决策的软件，人工智能拥有了超人的能力，也就能够避免人类所无法避免的损害。

根据理性人标准，陪审员要置身于理性人的位置并确定理性人会如何做。相比之下，陪审员要站在理性机器人的位置来思考就比较具有挑战性了，但实际上理性机器人的概念要比理性人的概念更清楚和确定。在人工智能场景下，“理性的”是一个帮助判断的拟制性概念。举一个简单的例子，想象一个司机在干燥路面以 40 英里的速度行驶，发现 150 英尺*远处跑出一个小孩，但没刹住并撞上这个小孩。根据理性机器人的标准，要确定这个司机是否承担责任，原告要向陪审团提供证据证明，自动驾驶软件驾驶同样的车辆、在同样的路面，面对同样的 150 英尺远的小孩，在距离 100 英尺时就会停下来。这就意味着理性机器人在同等条件下不会撞到小孩，而这个司机撞到了，那他就要承担责任。陪审团并不需要考虑人工智能是否会分心，相反，人工智能的反应时间是既定的，制动的距离在无法直接拿来与传统车相比的情况下也可以标准化。

被告可能会抗辩，在已经尽最大努力的情况下还要承担责任是不公平的。换句话说，理性机器人标准实质上要求人类为其造成的损害承担严格责任。对于低于普通水平的驾驶员而言，事实确实如此。然而，当

* 150 英尺＝45.72 米。

高于普通水平的人类驾驶员相对于人工智能驾驶员而言却成为低于普通水平的驾驶员时，这个规则同样适用。乍看起来，这对于已经尽最大努力的人类驾驶员而言并不公平，但从事故受害人的角度而言，如果不这样认定反而更不公平，因为人工智能驾驶从一开始就能避免事故的发生。毕竟，对于事故受害者而言，他到底是被人类驾驶员还是人工智能撞倒并没有差别。

应当强调的是，即使人工智能已经比人类更安全，侵权法仍不会禁止人们开车。诚然，如果这是一个值得期待的结果，那通过立法禁止人们驾车即可，无须侵权法的介入。相反，从侵权法的角度而言，理性人工智能标准则意味着人们开车要风险自负，这就会对人们的行为产生重大影响。换句话说，人们要为自己开车造成的损害自行承担责任。相对于强制性规定，侵权规则的激励更为可取，因为对于人类驾驶员而言驾
67 驶可以获得与交通事故无关的好处，如自由和自治。那些特别重视自由的人可能还会选择自行驾车，并就其造成的事故承担责任。换言之，要求个人或者商家对其行为承担责任，只会阻碍他们的行为，但不会从一开始就禁止开展某一活动。在自动驾驶场景下，理性人工智能标准可能导致更少的人选择自己开车，因为传统汽车的保险费用要比自动驾驶汽车的保险费要贵。

毋庸置疑，从自动化可以实施的第一天就强制实施，显然是操之过急。在技术发展的早期，人工智能要么非常昂贵，要么数量有限。这时实施自动化要么不可能，要么不具有操作性，法律此时就处罚不实施自动化的人显然有失公平。因此，在一个侵权案件中，原告如果希望说服法官采用理性机器人标准，那他必须提供证据证明被告从事的是人工智能可以完成的活动，而且被告在事故发生时采用人工智能是具有可操作性的。这就意味着，如果出现下列情况，法官就不会采用理性机器人标准来审查被告行为：①事故发生时还不存在这样的人工智能；②市面上没有被告可选用的人工智能；③即使市面上有可选择的人工智能，还有其他不自动化的更优理由（如法律要求必须采用人类驾驶员）。例如，假

设特斯拉生产的一台绝对安全的自动驾驶汽车售价 100 万美元，要求所有人都买这么昂贵的汽车显然是不合理的。

理性人会选用人工智能

替代理性机器人标准的一种方案是理性的人选择使用人工智能。例如，一旦自动驾驶比人类驾驶员更安全，陪审团可能会认为被告自己开车是不合理的，使用自动驾驶汽车才是合理的。以前文提及的小孩子跑到路上为例，采用人工智能加持的理性人标准则意味着，人类驾驶员的过错不是基于其无法像自动驾驶汽车那样在 100 英尺就刹停，而在于他从一开始就不应该自己开车，因为这时的理性人不会选择自己开车，而是直接使用自动驾驶汽车。

不论是根据理性人标准还是理性机器人标准，人类驾驶员的比照对象都是自动驾驶汽车，只是以不同方式进行对比罢了。根据理性机器人标准，法院将评估人类驾驶员造成事故的可能性；相比之下，根据（人工智能加持的）理性人标准，法院评估的是人类驾驶员关于使用自动驾驶汽车还是自己驾驶传统汽车的最初决定。在现有过失责任框架下，保留理性人标准似乎是说得通的。然而，我们还是要清楚，在理念上选择保留要相对容易，但在实践中贯彻理性人标准则要难得多。毕竟，我们的目标是比较人类和人工智能的行为危险性，而不是比较有关实施自动化的最初选择。将侵权责任归咎于最初选择，其问题在于没关注到自动化在结果意义上对社会的好处是一般性的还是受场景限制的。如果是一般性的好处，则可能忽略了有些场景中人类要比人工智能更具优势；如 68
果是受场景限制的好处，我们对比的则必须是人类与人工智能在特定场景下的行为风险。

目前，人工智能只是在特定领域而不是在所有情况下都比人类更安全。例如，人工智能在疾病诊断方面，只是在特定条件下的诊断具有优势，超出了这些条件则仍不如人类医生。自动驾驶汽车相对于一般人类驾驶员而言更安全，但没法跟专业赛车手或者高于普通水平的驾驶员相比。此外，自动驾驶汽车在绝大多数路面表现得比一般人类驾驶员更安全，但在山路上行驶就要差得多了。因此，自动化提高安全性属于一般性的好处，但降低事故风险的最佳选择可能还是要把人工智能和人类结合起来。对此，我们不妨设想一下，自动驾驶汽车在通常情况下要比人类驾驶员安全十倍，但在结冰路面的安全性却降到了只有人类驾驶员的一半。现在想象一下，人类驾驶员开车遇到一段结冰路面，尽管根据理性人标准并没有过错，但最终还是造成了交通事故。如果根据理性机器人标准，法院会判这个驾驶员无须承担侵权责任，因为机器人在结冰路面无法避免这个事故(特别是自动驾驶汽车在结冰路面只有人类驾驶员一半安全性的情况下)。然而，如果采用的是人工智能加持的理性人标准，而且这个人工智能的安全性采用的是一般条件下的表现，那么这个驾驶员就要承担侵权责任了。因此，这种人工智能加持的理性人标准会认为，人们不使用一般情况下更安全的自动驾驶汽车是不合理的。换言之，这个标准会处罚人类，尽管在某些情况下由人来开车更安全。

作为替代，人工智能加持的理性人标准也可以用于评估特定场景的表现。例如，使用自动驾驶汽车也可能是不合理的，但只有在结冰路面才如此。然而，这个标准实际上是变相的理性机器人标准，因为它要求评估在特定场景下人工智能是否比人类更安全。这本质上就是在特定场景下适用理性机器人标准。然后，这个标准在超出这个特定场景之外，还要问最初选择自动化的决定相对于人工智能当时所掌握的知识(掌握这些知识对人类而言是不实际的)而言是否合理。回到结冰路面场景，驾驶具有自动驾驶功能汽车的人类驾驶员在决定是否启动自动驾驶功能之前，他必须知道驾驶时可能会遇到结冰路段，而且清楚人工智能在结冰路段的表现，只有这样他才能准确评估此时启动自动驾驶是否合理。

人工智能侵权者的理性机器人标准

人工智能侵权者应当根据过错责任来追责，而且它们的行为要与理性人进行比对。此外，一旦自动化具有可操作性，而且人工智能比普通人类更安全，那么这时的理性人标准应当替换为理性机器人标准。质言之，人工智能侵权者最终要根据理性机器人标准来确定侵权责任的承担。例如，一辆奥迪自动驾驶汽车撞到路上的小孩，这时的过错判断就要把谷歌自动驾驶汽车在相同场景下的表现也纳入考虑范围。

诚然，确定理性机器人标准还有其他方法（例如考虑行业上常见 69
的、一般水平的或者最安全的技术）。不过，不论采用何种方法，理性机器人标准都不同于现行法下的严格责任，后者考虑的是产品设计阶段是否有瑕疵，或者是否对产品属性进行虚假陈述。随着人工智能的发展，理性机器人标准会变得越来越严格，但这是好事，因为一旦人工智能远远比人类更安全时，人工智能侵权者已经几乎不会造成事故了。尽管侵权责任在实施自动化方面的经济影响可能有限，但理性机器人标准的主要影响是促使人类内化事故成本。

不论如何，有些场景仍然需要对人工智能侵权者适用理性人标准。正如前面所提到的，有些场景下人类不会根据理性机器人标准来确定侵权责任，例如自动化的成本过高或者市面上还没有这类自动化技术。不过，在这些情况下，要求人工智能侵权者承担比理性人标准更高的要求也是不恰当的。毕竟，在自动化技术开始应用之后，在某些产业和某些领域要常规实施自动化，还要等上几十年甚至更多时间。

对未来的展望

正如税法那样，对侵权法根据人工智能法律中立原则加以改造，能够引导人工智能的发展和推广、提升社会效用，但同时也要对其适用加以详细考虑。侵权法所要面对的是不同于税法的挑战，二者所要解决的问题、所要实现的目的及其方法都是不同的。对于侵权法而言，其宗旨是构建阻止事故发生的最有效责任架构。

未来，人工智能无法超越人类的领域将会越来越少。到那时，自动驾驶汽车最终会比人类最厉害的驾驶员都要安全一千倍，人工智能造成损害的风险已经降低到如此低的地步，以至于在侵权法上到底适用过错责任还是严格责任，对人工智能生产者都没有经济影响。那时，人工智能将变得如此普遍，以至于在侵权法的绝大多数乃至所有领域都适用的理性机器人标准不断水涨船高，最终避免数不胜数的事故和伤害。今天我们已经接受了这样的事实——由于未采取更好的理性机器人标准，每年有超过一百万的人口死于交通事故。不过，我相信很快就很少有人死于意外事故了，我们就也告别了这个世界第三大死亡原因。接下来，我们面对的是就剩前两大死亡原因：心血管病和癌症。不过，另外一种人
70 工智能即人工智能发明者，很快也会将之根除。

注释

1. *Improvements in Workplace Safety-United States，1900—1999*，48 CDC MORBIDITY & MORTALITY WKLY. REP. 461，461（1999）. The National Safety Council estimates that 18,000—21,000 workers died from work-related injuries in 1912. Id.

2. BUREAU OF LABOR STATISTICS，U. S. DEP'T OF LABOR，NATIONAL CENSUS OF FATAL OCCUPATIONAL INJURIES IN 2017，at 1（2018），http://www.bls.gov/news.release/pdf/cfoi.pdf.

3. Oliver Wendell Holmes Jr.，*The Theory of Torts*，7 AM. L. REV. 652，653（1873）in 1 THE COLLECTED WORKS OF JUSTICE HOLMES 327（Sheldon M. Novick ed.，1995）.

4. *Gardiner v. Gray*（1815）171 Eng. Rep. 46，47（K.B.）.

5. 同上注，第 1054 页。

6. Erin Stepp，*Three-Quarters of Americans "Afraid" to Ride in Self-Driving Vehicle*，AAA NEWSROOM，Mar. 1，2016，http://newsroom.aaa.com/2016/03/three-quarters-of-americans-afraid-to-ride-in-a-self-driving-vehicle/.

7. David Neal，*Over Half of Brits Won't Feel Safe Using the Streets with Driverless Cars*，THE INQUIRER，Oct. 17，2016，www.theinquirer.net/inquirer/news/2474351/over-half-of-brits-wont-feel-safe-using-the-streets-with-driverless-cars.

8. Michele Bertoncello & Dominik Wee，*Ten Ways Autonomous Driving Could Redefine the Automotive World*，MCKINSEY & CO.，June 2015，www.mckinsey.com/industries/automotive-and-assembly/our-insights/ten-ways-autonomous-driving-could-redefine-the-automotive-world.

9. Martin A. Makary & Michael Daniel，*Medical Error-The Third Leading*

Cause of Deathin the US, 353 BMJ 2139, 2139 (2016); See also INST. OF MED., TO ERR IS HUMAN: BUILDINGA SAFER HEALTH SYSTEM (Linda T.Kohn et al., eds., 2000).

10. *See* SAEINT'L, AUTOMATED DRIVING (2014), http://www.sae.org/misc/pdfs/automated_driving.pdf (describing the SAE taxonomy).

11. OLIVER WENDELL HOLMES JR., THE COMMON LAW, 108 (1881).

12. Roberts v. Ring, 143 Minn. 151, 153 (1919).

第四章

人工智能发明者

除了给你答案，计算机一无是处。

——巴勃罗·毕加索

为了进行法律规则测试，我打造了一支专利律师团队。在2019年，我们这支队伍已在全球多个司法管辖区分别提交了第一批人工智能发明专利申请（人工智能发明者项目）。[1]这些申请将人工智能的所有者列为专利申请人（因此成为未来获得授权的专利所有权人）、将人工智能列为发明人。直至本书撰写时，这一批专利仍在审查中（或初审驳回的申诉中）。当人工智能（而不是个人）符合发明人资格要求时，"创造性人工智能"已经产生了可专利性的发明，但目前尚不清楚"人工智能发明"是否可以获得专利权。美国目前尚未针对人工智能发明制定成文法或形成判例法，也未发布相关政策文件。直到2019年，全球仍然没有专门针对人工智能发明的法律。然而，基本每个国家都要求在提交专利申请时需将自然人列为发明人，旨在确保人类发明人的权利得到承认。

过去，学术界一直反对给人工智能发明提供专利保护，不仅是因为机器并不会对激励作出响应，同时也担心这样做会降低人类发明创造的热情。一些国家的专利局也对为人工智能发明提供专利保护的想法提出了批评。2019 年，欧洲专利局的发言人表示：

> 目前的全球共识是，发明人只能是一个以提出一个想法或计划的方式对发明的技术方案做出实质性贡献的自然人……根据目前的技术发展状况，在可预见的未来，人工智能只是人类发明人的工具…… 71
>
> 任何改变……将产生远远超出专利法的影响。例如，这些改变对著作权法、侵权法和数据保护规则都会产生影响。[2]

人工智能法律中立原则表明，法律应该对人工智能发明给予知识产权保护，尽管这种专利保护的前景不会直接激励人工智能发明创造，但能激励人工智能的开发者、所有者、使用者。对人工智能的成果给予知识产权保护，将激励人工智能发展，并促进创新和技术进步，而这正是专利制度的宗旨。一旦人工智能成为发明创造的主要资源甚至是主要工具，这种保护就变得至关重要。此外，为维护专利制度的完整性和保护人类发明人的权利，在满足发明构成要件的情况下，人工智能应当被列为发明人。虽然篡夺人工智能的成果对人工智能而言无所谓公不公平，但对人类发明人来说就不公平了，因为这样做会淡化发明人的属性，将正当合法发明人的成果等同于借助人工智能的投机者的成果。最后，人工智能发明的专利权默认归属于人工智能的所有者。

本章共分为三部分。第一部分是梳理人工智能生成可专利发明的例子。第二部分是在缺乏法律保护人工智能发明的情况下，回顾非人类作者创作在版权材料保护方面的判例法。这一部分主张人工智能发明应当获得版权法保护，人工智能也应当作为专利法意义上的发明人。第三部分论证了人工智能发明人身份的影响，即人类和人工智能发明人的共存和竞争、人类发明创造活动的重新定义，以及知识产权的产业重组。

第一节　人工智能创造的发明

早期事例

1994 年，计算机科学家斯蒂芬·泰勒公开了一台他称为“创意机器”的人工智能架构，即一种他认为“最接近思想形成的模拟机制”的计算模式。[3]创意机器将人工神经网络和“评论家”网络组合起来，前者通过网络连接的自我刺激形成新输出，后者则监控前者的输出结果。评论家网络可以基于人工智能现有的知识储备对这一输出的新颖性进行评估，并将反馈提供给第一个网络，以便决定是继续还是停止开发新的输出。这将导致人工智能在改变或干扰其神经网络连接之后，通过“头脑风暴”产生新的且具有创造性的想法。举个例子，在泰勒将他最喜欢的音乐展示给创意机器之后，这台人工智能仅在一个周末的时间内就创作出了 11 000 首新歌。

72 泰勒将创意机器及其工作过程与人类的大脑和意识进行了对比。这两个人工神经网络对人类大脑的主要认知回路——丘脑—皮质回路进行了模仿。在人类大脑的简化模型中，皮质产生数据流(或意识)，丘脑引起对感兴趣的想法的注意(或意识)。像大脑一样，创意机器能够生成原始的信息模式，而不仅是简单的关联模式，而且能在无需额外人工输入的情况下适应新场景。人工智能的软件在一定程度上是自我组装的。泰勒论证了他的人工智能与只是简单生成一系列可能的问题解决方案的程序大不相同，该程序是通过与算法相结合从而筛选出最佳创意的一种程序，尽管这种程序是让人工智能产生新想法的另一种方法。

创意机器范式是泰勒的第一项专利的主题。以他的名义申请的第二项专利名称为“基于神经网络的原型系统和方法”。[4]泰勒被列为该专利的发明人，但他表示是创意机器生成了该发明(创意机器专利)。创意机器专利于 1996 年 1 月 26 日首次提出申请，并于 1998 年 12 月 22 日获得授权。正如泰勒的同事在回应创意机器专利时说的：“第二项专利是在第一项专利的基础上产生的。仔细想想。第二项专利也就是第一项专利发明的！”[5]

除了获得创意机器专利之外，创意机器还以创造许多其他发明而闻名：比如欧乐-B(Oral-B)交叉刷毛设计的交互式牙刷，一种新型物理材料，以及在互联网上搜索恐怖分子消息的设备。创意机器专利的例子很有意思，因为如果泰勒的权利要求是准确的，那么专利局早在 1998 年就已经授予一项由非人类发明人创造的发明以专利权。而且，专利局还不知道它事实上已经这样做了，因为泰勒在提交专利申请文件时，根据专利律师的建议，将自己列为了发明人，并未披露创意机器参与了该发明。

泰勒的创意机器并非早期人工智能生成发明的唯一例子。仿照生物进化过程建模的软件，又被称为“基因编程”，也成功独立生成了可专利的成果。进化是一个创造性的过程，它依赖于几个简单的过程：突变、有性重组和自然选择。基因编程是以数字方式模拟同样的过程，从而实现机器智能。它提供了最少人类参与的人类智能竞争。早在 1996 年，基因编程就成功独立生成了过去是专利主题的产物。到 2010 年，至少有 31 个基因编程成果与在先专利重复，构成了对在先授权专利的侵权，或者创造了可专利的发明。其中的 7 个基因编程成果与在 21 世 73
纪处于所属领域领先地位的发明构成了重复或者侵权。

另一项专利局授予人工智能发明专利权的例子发生在 2005 年 1 月 25 日。[6]这个发明是由名叫“发明机器”（“Invention Machine”）的基因编程人工智能完成的。这个人工智能的开发人员名叫约翰·科扎(John Koza)，他是一位计算机科学家和基因编程领域的杰出代表，他同时也是刮刮乐彩票的发明人。2006 年，《大众科学》(*Popular Science*)一篇关于科扎和发明机器的文章指出，人工智能甚至因开发了一种提高工厂效率的系统而获得了美国专利授权，这是有史以来第一次对非人类发明人的成果提供知识产权保护。[7]在无需人工干预且一次完成的情况下，发明机器生成了专利的技术方案和改进后的控制器（一种电器产品的常见部件）设计。[8]而且这是在既没有专业数据库，也不了解现有控制器的情况下完成的。它只需要基本元件（如电阻和二极管）的信息和预期目标的技术参数或性能指标（如电压和频率）。有了这些信息，发明机器就能在适度调整的基础上持续生成不同的结果。

美国专利局再一次对人工智能在人工智能机器创造的发明中所扮演的角色一无所知。科扎没有披露人工智能机器参与了此项专利。就像斯蒂芬·泰勒一样，科扎表示他的法律顾问曾建议，尽管事实上“整个发明都是由计算机创造的”，但他的团队应该声称他们自己就是发明人。[9]事实上，科扎还提出，发明机器创造了几项可专利的发明。[10]

创意机器和发明机器都是人工智能作为发明人的早期例子，但人工智能发明获得授权可能发生在更早的时候。一篇发表于1983年的文章中提到一项名叫“欧里斯科”（Eurisko）的人工智能实验项目。这个项目“发明了新的三维立体微电子设备……新的设计和设计规则已经出现”。[11]欧里斯科是早期用于自主发现新信息的专业人工智能系统，其按照一系列被称为“启发式的规则”来运行，欧里斯科可以发现新的程序来修改自己的程序。程序员为欧里斯科提供了基础微芯片和简单规则以及评价标准的知识，然后人工智能就结合现有的芯片结构创造了一些新的设计，这些设计随后会被拿来进行价值评估从而决定是弃是留。斯坦福大学曾在1980年为欧里斯科生成的芯片设计提交了专利申请，但在1984年却因不明原因放弃了该申请。[12]至于其他公布的人工智能发明的专利申请，都是以自然人的名义提交的。比如，基于欧里斯科的设计创建了一个物理芯片的个人。

74 另一个例子是，1989年的一篇博士论文披露：

> 一种旨在实现普通工程制品创新设计的系统计算方法……与人类的发明相当的……名为TED的计算机程序……是这种计算方法的发明人，因为它“从零开始”生成了这个系统的（拓扑）结构。合作过

程被设计为在所有可能设计版本(设计状态)的状态空间中进行的启发式搜索。TED为了寻找满足设计要求的解决方案，系统地探索了一个又一个的设计可能性。[13]

TED的开发者亚历山大·科特指出，TED重新发现了至少两个重大且知名的发明，并生成了前所未有的非凡设计。

现代事例

前面的例子已经有几十年的历史。人工智能的后续改进使得人工智能发明的数量显著增加。例如，IBM公司制造的最新人工智能成果沃森。沃森是IBM公司开发的一种人工智能，用于在益智问答游戏节目《危险边缘》中参与竞争。在人工智能场景下的古老历史中，沃森在2011年的节目中击败了往届冠军肯·詹宁斯(Ken Jennings)和布拉德·拉特(Brad Ratter)，获得了100万美元的奖金。尽管有时候IBM公司将沃森的市场定位为单一的人工智能，但沃森从那时起已经逐渐演变为包含各种人工智能系统和技术的品牌。为了简单起见，我们在书中也将它视为单个人工智能系统。

沃森最初主要是作为一个“专家系统”来构造，这种系统主要用来设计符号型人工智能，从而能够通过使用专业知识派生出的逻辑规则来解决特定领域的问题。这些是20世纪80年代人工智能研究的焦点。基于专家系统的国际象棋程序高科(HiTech)和深思(Deep Thought)在1989年击败了国际象棋大师，为另一个著名的IBM公司人工智能深蓝(Deep Blue)铺平了道路。深蓝在1997年击败了国际象棋世界冠军加里·卡斯帕罗夫(Garry Kasparov)。但是，深蓝的用途有限。它是专为下国际象棋而设计的，因此在击败卡斯帕罗夫后就永久退役了。

IBM公司现在将沃森描述为具有“计算创造力”的新一代机器，[14]也就是可以产生“世界从未想象过的想法”。[15]沃森“从数以亿计的可能性中产生了数百万个想法，然后预测哪些是(最好的)，并以新的方式应用于大数据”。[16]这是一种与创意机器和发明机器根本不同的人工智能类型。利用更传统的逻辑架构，沃森与富含人类知识和专长的海量数据库相结合。尽管沃森没有仿造人类的大脑和进化的过程，但它仍然能
75 够生成发明。

到 2014 年，沃森被应用于更实用的挑战，如运营一辆餐车。IBM 公司为沃森开发了新算法并为其纳入了一个包含营养、口味、食物分子结构信息，以及数以万计的现有食谱在内的数据库。这种设计使得沃森能够根据用户输入的一些参数，如原料、菜肴品种(例如汉堡或墨西哥卷饼)和风格(例如英式或无乳制品)，从而生成食谱。基于此用户输入的参数，沃森能够持续生成数量惊人的潜在的食物组合。之后，它会从新颖性的角度来评估这些初步结果，继而为最终输入结果提前评估其质量。沃森在食品科学方面的一些发现可能具有可专利性。专利授权的条件为“具有新颖性和实用性的过程、机器、产品、混合物或者任何新的和具有实用性的对前述事物的改进”。[17] 由于食物配方的成分列表组合起来形成了新的混合物或产品，而制作食物的所涉及的步骤可以被视为一个过程，所以食物配方可以在此基础上获得专利。

然而，要获得专利，一项发明不仅必须包含可专利的主题，还必须具有新颖性、非显而易见性和实用性。这对于食谱来说更具有挑战性，因为食物成分的数量是有限的，且人们将各成分混合在一起具有很长时间的历史。要让沃森生成的食品配方获得专利，它将不得不开发一个以前没有人做过的食谱，且相对于现有的配方具有非显而易见性。尽管如此，人们确实获得了食品配方的专利。事实上，沃森做出的一些结果已经令其开发者和人类厨师感到很惊讶。由于产生意料之外的结果也是决定一项专利是否具有创造性的考虑因素之一，沃森能取得这个成就也是令人鼓舞的。

不过，沃森不仅限于在节目《危险边缘》和食谱上展开竞争。IBM 公司曾报告说，它已将沃森广泛提供给软件应用程序提供商，使他们能够开发具有沃森功能的服务。现在，沃森还协助进行财务规划、帮助临床医生制定癌症病人的治疗计划、开展药物发明研究、充当私人旅行的

礼宾，以及执行其他任务。具体而言，在药物研发方面，沃森已经为现有药物识别出新的药物靶点和新的适应证。这样，沃森可能会与人类研究员合作设置自主生成可专利的发明，而且沃森不是参与现代创新的唯一人工智能系统。

2019 年，澳大利亚弗林德斯大学的研究人员报告说，他们已经使用人工智能开发了一种批准用于人体试验的流感疫苗。[18]研究团队创建了一个人工智能“山姆”，用于识别有效和无效的流感疫苗。之后他们又创造了第二个人工智能来开发数万亿的潜在候选疫苗，山姆再从中选出十个最有前途的候选疫苗。人类团队在几周的时间内对这些候选疫苗进行合成和测试，而不是直接筛选数百万种化合物。据报道，人工智能发现了一种更为有效的疫苗，加快了发现过程，并大大降低了成本。类 76
似地，诸如 Benevolent AI 等公司在其报告中声称，将人工智能应用于整个药物研发的过程。

法律在哪里?

几十年来，对人工智能发明的实质性主张一直存在，而且人工智能在此期间也得到了指数级的改进。因此，似乎应该已出现多起涉及人工智能发明的诉讼，并已经为人工智能制定了完备的法律。然而，情况并非如此。人工智能发明者项目是第一个也是迄今为止唯一一个公开人工智能发明的专利申请。这意味着专利申请人选择不公开人工智能在发明创造过程中的作用。之所以这样选择很有可能是由于法律上的不确定性，因为没有自然人作为发明人的发明不仅没有资格获得专利权保护，还会在公开后直接进入公有领域。换句话说，现有的法律或者说法律空白，可能使得人工智能发明活动转入地下。

希望获得人工智能发明专利的人工智能用户可以选择将自己认定为发明人，以保护人工智能和自己。事实上，正如斯蒂芬 · 泰勒和约翰 · 科扎提到的，尽管一些最早的人工智能专利申请人自己也承认他们本身并不符合发明人的标准，但为了申请专利仍然基于他人的建议将自己列为发明人。一般来说，除非受到第三方的质疑，专利局应该以书面申请文件中所列的发明人为准。当然，人工智能对于其自主创造的东西，不太可能抱怨自己没有被列为发明人。如果将来这样的专利争议到了法庭，人工智能在发明中的作用将会成为焦点之一。

第二节　人工智能发明的知识产权

发明人要求和发明过程

所有专利申请都需要指定一名或多名发明人，他们必须是“个人”；像公司这样的拟制主体不能成为发明人。发明人将专利作为其个人财产而享有所有权，他们可以通过转让的方式将他们的权利转移给另一个实体。专利赋予其所有者“有权禁止他人在美国境内制造、使用、许诺销售或销售该发明，或者将该发明进口到美国”。[19]

要想成为美国专利法意义上的发明人，必须对发明有贡献，具体指“一项完整、有效且能应用于实践的发明，它所体现出的明确、永久的方案是在发明人头脑中形成的”。[20]这正好是“创造性活动中的智力体现”。[21]根据这个发明的设计方案，该发明主题所属领域的普通技术人员(例如，如果发明是新化合物，这个技术人员就为化学家)应当能够实
77 施该发明。也就是说，在无需大量实验或付出创造性劳动的情况下，即可实施本发明。例如，简单地通过书面形式描述已经构想出来的发明，或者根据描述构建出工作模型而将发明付诸实践的人，都不符合发明人的资格。

虽然人工智能常常参与发明的过程，但在大多数情况下，人工智能本质上是一种复杂的或不那么复杂的工具，如计算器。在这种情况下，人工智能可以帮助人类发明者实施发明，但不能参与发明的构思。即使人工智能通过自动化方式分析数据、检索知识、识别信息模式，在发明过程中发挥了重要的作用，但人工智能可能仍无法对发明的构思作出贡献。像人类一样，人工智能在参与发明过程中的作用可以用一个光谱来

比喻，即在光谱的一端，人工智能是一种协助人类进行发明的工具；在光谱的另一端，它在功能上可以自主发明。

接下来，我们不妨想象一个受沃森“洞察”启发的业务模型。客户将他们的数据提供给 IBM 公司，IBM 公司通过沃森运行数据，根据合同约定，沃森生成的可专利性方案属于客户。在这种情形下，谁是发明人可能并不清楚，或者任何人都有资格成为发明人。客户可能不是发明人，因为客户只是简单地委托研究和提供数据，这通常并不符合发明人的条件。也许，发明人是为沃森编程的人，但如果他只是为了开发一个具有一般问题解决能力的程序，而不是开发一种从应用到解决专门问题的程序，那还是不能满足发明人的条件。

当有一群人为了开发人工智能花费大量时间和精力时，只是将其中一个程序员视为发明人就变得更加困难了。或许，除非一个人只是用计算机解决已知的问题，否则任何“使用”沃森的人都可以作为发明人。又或许，认识到人工智能洞察重要性的人可能是发明人，尤其是当他必须使用技能从人工智能输出的许多结果中选择其一时。但在输出结果的重要性是显而易见的且不需要进一步人为干预的情况下，这显然也是不合适的。

在这种场景下，至少在某些时候，一项在其他情况下原本可专利的发明却在没有符合传统发明人要求的情况下被创造出来。虽然 IBM 公司尚未报告沃森已生成任何人工智能发明，但另一家财富 100 强公司西门子却抱怨一直无法为人工智能发明申请专利，因为它无法确定哪一个自然人能够满足这些发明的发明人条件。[22]

人工智能发明的法律障碍

美国国会有权根据宪法中的专利和版权条款授予专利权，这使国会能够“通过赋予作者和发明人对其作品和发明有限时间内的专有权，推动科学和实用艺术的进步”[23]。这个条款还为专利授权和版权保护提供 78
了明确理由，即鼓励创新的激励理论。该理论认为，如果人们能够获得政府批准的垄断(如专利权)以挖掘其发明的商业价值，那么，人们就更愿意去发明新事物(如促进科学进步)。有时，拥有可转让专利的专有权是非常有利可图的。

专利法(在此仅指美国整体上的专利法)为人工智能满足发明人条件至少设置了两道障碍。第一，如前所述，专利法要求发明人是“个人”。至少从1952年开始的现代专利法就已经有这样的表述。当时的立法者并没有考虑人工智能发明的情况。立法中的“个人”要求有助于确定所有权的归属，并确保通常为了执行雇主任务的发明人被写入专利申请书中。对参与发明的人而言，获得发明人身份的认可，不仅有获得精神权利的重要意义，也具有作为生产力信号的经济价值。

第二，专利的判例法要求发明是“智力活动”的成果。人工智能是否在此层面上形成可专利成果是值得怀疑的。简而言之，能够自主构思可专利性发明的人工智能是否可以作为法律意义上的发明人尚不清楚。当然，在不同的司法辖区，情况可能会有所不同。例如，两个欧洲专利局成员国摩纳哥和塞浦路斯就不要求发明人是自然人。[24]

非人类作者作品的版权法保护

专利法没有直接解决人工智能发明如何保护的问题。专利局从未发布过针对该问题的指南，也没有关于人工智能是否可以作为发明人的先例。不过，可以从类似的非人类作者生成的可版权性材料的保护上获得指引。[25]虽然有报告说版权局早在1957年就拒绝了人工智能作品的提交，但比较确定的是美国版权局至少从1973年起就正式将人类作者作为版权登记的条件。[26]

在其2014年的纲要中，美国版权局更新了“人类作者要求”，并作了如下说明：

> 一部作者拥有署名权的作品，必须由人类创作……版权局不会对由自然、动物或植物产生的作品进行登记……同样，版权局也不会对机器创作的作品或没有人类作者任何创造性投入、仅是随机或自动运行的机械过程产生的成果进行作品登记。[27]

“人类作者要求”来源于1879年的商标案(In re Trade-Mark)，这远早于现代计算机的出现。在该案中，美国最高法院将宪法中的专利和 79
版权条款解释为排除对商标的适用。在解释该条款时，法院指出，“著作”一词可自由地解释，但只有“原创且建立在创造性思维能力之上”的才受到保护。[28]

在1884年的伯罗-贾尔斯光刻机公司诉萨罗尼案(Burrow-Giles Lithographic Co. v. Sarony)中隐含着非人类作者身份的问题。在该案中，被告公司抗辩称，奥斯卡·王尔德的一张著名照片不能视为“作品”或者“作者”的作品。该公司进一步辩称，即使视觉作品可能受版权保护，照片也不应获得保护，因为它只是自然现象的机械复制，因而无法体现其作者的思想观念。最终，法院并未接受该辩解，并指出所有形式的写作“在将作者头脑中的想法给予外在的表达后”都有资格获得版权保护。[29]法院进一步指出，虽然普通照片可能无法体现作者的“想法”，但在这个特定的例子中，摄影师已经对该主题进行了足够的控制，使其成为原创的艺术作品。因此，该案明确触及了相机的参与是否否定了人类作者身份的问题，同时也隐含地处理了相机是否可以视为作者这个问题。为了解决非人类是否可以作为作者的问题，过分强调“镀金时代”那些不具约束力的司法裁判显然是不明智的。然而，美国版权局还是引用了伯罗-贾尔斯案来支持其“人类作者要求”。

美国版权局于1966年首次公开处理人工智能作者的问题，当时版权登记局的亚伯拉罕·卡明斯坦质疑人工智能作品可受版权保护。卡明斯坦报告说，到1965年为止，版权办公室已经收到了人工智能作品的申请，包括抽象画、音乐作曲和电脑作品(至少部分是)的汇编。卡明斯坦没有宣布针对此类申请的政策，但暗示了所要解决的相关问题应当是人工智能是否只是辅助工具(如伯罗-贾尔斯案中的相机)，或者人工智能是否被视为和代理了传统意义上的作者要素。

美国国会在1974年成立版权作品新技术应用委员会，致力于研究与版权和人工智能作品相关的问题。当时，版权法甚至没有解决计算机软件是否应该受版权法保护的问题，但这是一个更为紧迫且具有经济价值的重要问题。关于人工智能的作者身份问题，版权作品新技术应用委员会在1979年的报告中写道，对人工智能作品没有必要进行特殊处理，因为人工智能并非在缺少人为干预的情况下自主生成创造性成果；人工智能只是作为一种协助人类作者创作的工具。

版权作品新技术应用委员会还宣布了自主创作的人工智能不会立即出现，并得出这样的结论，"根据1976年版权法，如果使用计算机创作
80 的作品属于原创作品，则应该受版权法保护"。[30]按照该委员会的说法，"作者是利用计算机的人"。[31]原版权作品新技术应用委员会专员亚瑟·米勒解释说，"版权作品新技术应用委员会不会试图决定那些很少或根本没有人参与的计算机作品是否受版权保护"。[32]

美国国会随后在立法中采纳了版权作品新技术应用委员会的建议。由于人工智能的进步，国会技术评估办公室在十年之后的1986年发布报告，认为版权作品新技术应用委员会的结论过于简单，计算机程序不仅仅是"惰性的创作工具"。国会技术评估办公室的报告倾向认为，计算机在许多情况下至少是"共同作者"。国会技术评估办公室没有对人工智能作品是否应该受版权法保护进行讨论，但它确实预料到了作者身份确定的难题。

迄今为止，美国尚未有任何案例专门涉及人工智能作品是否可版权的问题，但有一个案例试图挑战版权局的"人类作者要求"。这就是诞生于2011年的猴子自拍照，是关于一只名叫狐忍(Naruto)的西里伯斯岛冠猕猴使用自然摄影师大卫·斯莱特的相机自拍的一系列照片。斯莱特对于照片的拍摄环境提出了相互矛盾的报告，但他最终声称，他通过在三脚架上安装相机并留下远程触发器供冠猕猴使用而获得这些照片。他随后主张拥有这些照片的版权。相反，其他未经许可或不顾反对转发照片的当事人则辩称，斯莱特不能对这种未经其直接拍摄获得的照片主张版权。2014年12月22日，公众对这些事件的讨论促使版权局专门在新设的"人类作者要求"一栏将猴子自拍的例子纳入其中，并明确其不

受保护。

2015 年 9 月，善待动物组织（PETA）代表冠猕猴狐忍对斯莱特提起了版权侵权诉讼，声称猴子自拍照的版权应该归冠猕猴所有。2016 年 1 月 28 日，美国地区法院法官威廉 · 奥里克以冠猕猴缺乏诉讼主体资格为由驳回了善待动物组织对斯莱特的起诉。他还采纳了版权局关于冠猕猴不是“作者”的解释。奥里克法官虽然考虑了善待动物组织的理由，但认定动物的作者身份是“一个留给国会和总统考虑的问题”。[33] 善待动物组织对这一判决提出上诉，但上诉法院仍以冠猕猴缺乏诉讼主体资格为由驳回了上诉。上诉法院认为，动物只有在国会明确规定其有诉讼主体资格的前提下才能提起诉讼，而这并不是版权法要规范的内容。通过这样的裁判，法院避免了对非人类作者涉及的实质性问题进行权衡和判断。

英国的人工智能作品

虽然美国版权局拒绝为人工智能作品提供版权保护，但英国却于 1988 年通过了一项相反的法律。英国《版权、外观设计与专利法》对人 81
工智能作品作了特别规定，将其定义为“计算机在没有人类作者的情况下生成的作品”，[34] 并规定“计算机生成的文学、戏剧、音乐或艺术作品的作者应当是完成创作所需安排的人”。[35]

在 1988 年之前，英国有两起案件根据当时有效的法律对人工智能作品的保护问题进行了审理。在 1985 年的《快报》有限公司诉利物浦《每日邮报》与《回声报》案（Express Newspapers Plc v. Liverpool Daily Post & Echo）中，《每日邮报》分发了带有五个字母代码的卡片，收件人可以查阅人工智能生成的日报网格，确认他们是否中奖。被告报刊因抄袭网格被诉版权侵权。被告辩称，因为这些网格由人工智能生成，所以不应受版权保护。该案法官约翰 · 惠特福德驳回了该抗辩理由，指出“计算机只不过是工具，程序员通过计算机程序发出指令，从而生成不同的五字母序列网格。认为程序员并非作者是不切实际的，这就像你用钢笔写出了作品，笔反而被认定为作者”。[36] 他进一步指出，

“不可否认，网格和五个字母组成的两个独立序列的制作耗费了大量的劳动力和技巧”。[37]

有趣的是，惠特福德(Whitford)法官在1977年主持的一份报告中指出，对待人工智能作品的适当态度应该是“在大多数情况下，将计算机视为纯粹的工具，如计算尺，甚至直接看作是一支画笔。它可能是一种非常复杂的工具，具备扩展人类创作作品的可观能力，但仍然是一种工具”。[38]该报告进一步认为，人工智能程序员以及向人工智能提供数据的人应该是人工智能生成作品的作者。

自1988年英国现行版权法颁布以来，只有一个案例涉及人工智能作品的作者问题。在2006年诺瓦制作有限公司诉马佐马游戏有限公司案(Nova Productions Ltd v. Mazooma Games Ltd)中，双方当事人都是台球视频游戏制造商。[39]原告主张对游戏图形和人工智能根据玩家命令生成的画面享有版权。审理此案的大卫 · 基钦(David Kitchin)法官认为，尽管这些组件由某个人设计，但这些画面却是计算机生成的作品。他认为，涉案作品的作者是设计游戏的负责人，而不是“对艺术创作没有贡献任何技能和劳动”的游戏玩家。[40]即使在这个案件中，由于被告并没有对游戏画面的版权或所有权提出质疑，法官对人工智能作品保护的考虑也是有限的。

让人工智能去激励创新

认定人工智能发明可申请专利并承认人工智能是发明人符合(美国)
82 宪法保护专利的激励理论。人工智能发明如能获得专利，将获得独立于人工智能本身的巨大价值，并激励企业和计算机科学家开发和使用创造性人工智能。反过来，它将为社会带来更多创新。相比之下，如果缺乏对人工智能发明的保护，需要专利的公司可能无法使用(或不愿意冒险在研发中使用)创造性人工智能，即使它的表现优于人类研究人员。专利法旨在激励创新，而有史以来最有价值的发明可能是具有创造性的一般人工智能和超级人工智能。然而，根据悲观主义者的估计，研发出能治愈所有人类疾病和解决气候变化问题的人工智能还要等上一百年，甚至更长时间。这样的时间真的是太漫长了。

对创新的前期激励并不是专利的唯一好处。授予人工智能发明专利权将促进信息披露和新产品的商业化。如果人工智能所有者不能在法律上获得专利保护，他们可能会选择将发明作为不向社会公众披露的商业秘密来保护。同样，在不能获得专利保护的情况下，企业可能不会追求发明的商业化。例如，在制药和生物技术领域，新产品商业化的大部分费用都用在获得市场监管批准所需的临床测试上，即发生在产品发明之后。

最后，允许人工智能成为发明人将保护专利制度的完整性和人类发明人的精神权利。知识产权保护不论是得到正当化还是受到批评，所依据的都是知识产权的精神权利或者非经济权利，这在美国以外的其他司法管辖区更是如此。精神权利保护的利益范围，包括从洛克理论下个人劳动的成果，到诸如伊曼纽尔·康德和格奥尔格·黑格尔等哲学家的人格权理论所保护的作者人格。其中，人格权理论认为，个人通过与外部事物的交往而表达和发展他们的“意志”。有人可以通过写书的过程发展成为一个有独立人格的人，并开始将这本书视为是自己人格的延伸。如果有人将这本书归功于自己，或者将这本书变成支持暴力和极端政治信仰的依据，那么可能会伤害到作者。在这个例子中，法律可能无法保护作者的精神权利，但根据人格权理论所支持的知识产权，能够防止作者的作品被侵占或者篡改。

就人工智能发明而言，人们似乎将机器的劳动成果占为己有。这会助长申请人的不诚实行为，并使他们不劳而获。虽然这对人工智能无所谓不公平，但对其他人而言却是不公平的，尤其是当人工智能发明变得司空见惯时。如果成为专利发明人只是意味着在“沃森”的生成物上加个名字而已，那么对于没有借助人工智能而凭借自身能力进行发明的人来说，他们的成就便没有获得应有的认可。此外，如果法律承认人工智能可以作为发明人，这不仅认可了该人工智能的开发者，还同时承认了 83
他们通过创作所取得的成就。这就好比父母或者老师为他们的孩子或学生的成功感到自豪，而不是直接将他们未来的成就归功于自己。

人工智能发明的成本

支持人工智能发明可专利性的论点主要源于知识产权保护正当性的主流学说。然而，这种说法已经受到了批评，尤其是来自学术界的批评。不论专利通过激励创新所带来的好处是否超过其限制竞争的成本，也不论专利对创新的净效益是否会因行业、科学研究领域和发明实体的不同而有所不同，专利带来的垄断都将消耗巨大的社会成本。

理查德·波斯纳法官等评论员认为，并不需要用专利来激励软件行业的研发。软件的创新通常成本相对较低、迭代快、替代性强，拥有显著的先发优势(最初的产品在市场俘获用户，容易产生锁定效应)，并能获得其他知识产权的保护。因此，没有专利激励也能实现软件的创新。同样地，在大学环境中，发明人可能不需要专利来激励也能发明创造，因为他们会为了声望和学术前景而发表他们的研究结果。同样，人工智能发明无需专利激励也能实现发展。人工智能研发者有各种非经济动机去研发创造性人工智能，比如为了提高研发者自身的声誉、满足科学研究的好奇心，又或者是为了与同龄人合作。即使没有专利保护，企业也可能会从人工智能发明中获得重大价值。

当然，人工智能发明专利对发明创造过程中的每一个行为并不必然具有决定性的影响。他们可能会进一步鼓励那些原本规模更小但耗时更长的活动。尽管个人和企业并不总是扮演理性经济人的角色，但总的来说，为刺激创造性人工智能的研发而提供额外的财政激励还是会产生净收益的。这至少是法律授予人类发明专利权的理由，同样也是我们对人工智能发明授予专利权的理由。

人工智能是否会思考并不重要

司法学说认为，发明涉及的是智力活动，但这不应当妨碍人工智能发明获得专利或人工智能成为发明人。“智力活动要求”的准确属性尚不明晰。目前，法院主要从发明的完成时间而不是其创造性来判断该发明是否涉及智力活动。在人工智能发明场景中，他们并没有准确地或有意义地使用这些术语。“智力活动要求”是需要人工智能参与有关创造性成果生成的过程(这一点它确实做到了),还是需要人工智能以某种方式模仿人类的思维?如果是后者,除了排除非人类外(对此,没有必要进行复杂的测试),这种要求的目的是什么就不清楚了。

斯蒂芬·泰勒认为,“创意机器”在内部架构上全面模拟了人脑的结构。这是否意味着创意机器的发明应该获得专利,而沃森的发明却不能?或者,如果创意机器没有达到从事智力活动的门槛,计算机科学家是否必须设计一个完全数字化的人类大脑版本(这可能不是构建创造性人工智能的最有效方式)?即使不考虑我们在理解人类认知方面的短板,我们在判断什么样的人工智能才算会思考时已经焦头烂额。

对“计算机是如何思考的”进行准确描述这项重大工作由艾伦·图灵完成。他在 1950 年提出了“机器会思考吗?”这个问题。他发现这个问题本身是模棱两可的,而“思考”一词在口语中的使用也很不科学。继而,他认为更好解决的问题是,“一个人能否识别出计算机响应和人类响应的差异?”因此,他提出,与其问“机器是否会思考”,不如问“机器是否能够以思考实体(即人)同样的方式完成任务”。虽然后来被称为“图灵测试”,但图灵本人最初给这个测试起名为“模仿游戏”。

尽管图灵测试一直受到批评,但图灵七十多年前的分析仍然成立,“智力活动要求”具有模糊性、难管理和效用不确定的特点。顺便说一句,美国专利局已经采用图灵测试,而且创造性人工智能已经成功通过这个测试。在收到专利申请后,美国专利局判断这些申请是否具有非显而易见性(这是衡量创造力的标准)。在处理一项发明机器的专利申请时,美国专利局作了这样的描述,“2005 年 1 月 25 日,在计算机科学史上,遗传程序通过了第一次真正意义上的图灵测试:专利审查员不知道他正在审查的居然是计算机生成的知识产权!”[41]

智力活动要求不应该妨碍人工智能发明获得专利或人工智能成为发明人的最重要原因是,专利制度并不区分发明产生的不同方式。美国国会在 1952 年重申了这一点,同时废除了美国联邦法院用于判断可专利性长达十多年之久的“天才之火”标准。根据“天才之火”标准，一种新设备要获得专利，“无论多么有用，必须有天才之火闪现，而不能仅仅是技能的堆叠。”[42]后来这一学说被解释为，一项发明必须是发明人在“天才之火闪现”时想到的，而不是“长期努力和实验的结果”[43]。
85 正如当时一位评论员所评论的：

> “天才之火”标准所代表的可专利性标准显然是基于专利权人（发明人）的智力活动属性，即发明人据此活动实现了他专利中主张的技术进步，而不是仅取决于该专利实现进步的客观属性。[44]

“天才之火”标准是一个无用的学说，因为它的含糊不清导致下级法院难以适用，法官往往需对发明人的思维状态作出主观判断，其结果是让专利更难获得。这项测试是 20 世纪中期美国法院对专利表现出普遍敌意的一部分，这使得美国联邦最高法院大法官罗伯特 · 杰克逊在一份判决异议中讽刺道：“唯一有效的专利是那些还未进入本院审理的专利。”[45]

对这种状况的批评促使富兰克林 · 罗斯福总统成立了一个国家专利计划委员会来研究专利制度，旨在对专利制度提出改进方案。在 1943 年，该委员会对“天才之火”标准作了专项报告，指出“可专利性应客观地由对技术进步贡献的性质决定，而不是主观地由发明完成过程的性质决定”。[46]1952 年的《专利法》采纳了这一建议，从立法上否定了“天才之火”标准。同样，人工智能发明的可专利性应该基于人工智能输出成果的创造性来判断，而不是建立在笨拙的拟人化观点上，因为《专利法》应该像图灵一样关注功能主义的解决方案。

顺便提一下，即使采用生物意义的智能要求也不是区分人工智能和人类发明人的好办法。就目前而言，虽然功能性生物计算机还未出现，但所有必要的模块都已创建出来。斯坦福大学的一个工程师团队在 2013 年创造了一个生物版本的电子晶体管。为了生成二进制代码，这个团队的机械计算机使用大量的硅晶体管来控制电路中的电子流。此外，这个团队通过酶的使用创建了具有控制 RNA 沿 DNA 链流动相同功能的生物版本。我们不妨设想一个人工智能可以完全生物化的未来，到那时似乎再没有任何原则性理由反对生物版（而不是机械版）的沃森应当被认定为符合发明人资格。

对现行法的动态解释

如果人工智能发明可以授予专利、人工智能应该构成发明人，那么这些结果是符合法律的动态解释的。法律动态解释与美国国父们制定宪法专利和版权条款的立法宗旨是一致的，而且以此解释专利法可以进一步实现这一宗旨。此外，这种解释不会与动态法律解释的主要反对意见
相冲突，这些反对意见包括动态解释干扰了法律的可靠性、可预期性以 86
及公民“通过阅读法规知悉自己的权利和义务”的能力。[47]允许人工智能作为发明人将会带来更多的专利申请，而不是以此回过头来使以前授予的专利无效。而且，作为一个高度动态的学科领域，专利法很难适应不断变化的技术，因此专利法的依赖性和可预测性自然比许多其他领域要小。

当然，这不是专利法第一次成为动态解释的主题。例如，在 1980 年具有里程碑意义的戴蒙德诉查克拉巴蒂案（Diamond v. Chakrabarty）中，美国联邦最高法院需在案件中决定转基因生物是否是专利权的客体。该院认为，专利分类审查规则否定授予专利保护那些“国会立法时没有预见的发明主题……这会扰乱专利法的立法宗旨”。[48]该院注意到，国会为了保护广泛意义上的可专利主题，在立法时选择了宽泛的用语。

根据动态解释法，从专利法的文本来看，即使这些文本原本是用于保护人类发明人的权利，但也不妨碍其可解释为不禁止人工智能发明人和人工智能发明。很显然，凭借在人工智能发明还不可预见情况下制定的法律文本来禁止人工智能成为发明人是不明智的。换言之，只有充分的公共政策理由才可以禁止人工智能成为发明人、人工智能发明获得专

利。鉴于宪法的专利与版权条款中的“作品”和“作者”可以在版权场景中进行灵活解释，为了贯彻该条款中的宪法目的，我们也应当对该条款中的“发明人”进行灵活解释。

第三节 人工智能发明的启示

人工智能发明的所有权

人工智能发明的所有权(在可以获得专利的前提下)应该归属于人工智能的所有者，因为这与个人财产(包括人工智能和专利)的处理方式最为一致。如果一个人拥有一台能够生产财物的机器，那么他对该机器所生产的财物享有所有权，无论这些财物是面包还是商业秘密(这里不讨论更复杂的情况，如涉及多个参与主体，又如他对小苏打或他人数据等原材料不享有权利)。尽管双方有权通过合同安排打破这个默认规则，但这种所有权归属安排可以被视为一个起点。而且，随着人工智能发明变得越来越普遍，关于这些发明所有权归属的谈判必然是合同谈判的基本内容。只要产权清晰，这些当事人最终可以找到最有效的权利分配方案。然而，为了从整体上使交易成本最小化，我们还是需要一个所有权
87 默认规则。

与归属于用户或研发者的所有权默认规则相比，归属于人工智能所有者的所有权默认规则会进一步鼓励创新。例如，IBM公司可以在不转移沃森所有权的前提下将沃森提供给众多后续开发者。在沃森通过与用户交互生成可专利的成果时，促进用户获取这些成果的安排应该会推动创新。从理论上讲，作为一种可复制的计算机程序，沃森可以同时与无数个用户进行交互。如果沃森在非IBM公司用户的控制下生成了一项发明，并且“默认规则”将发明所有权分配给该用户，那么IBM公司则会限制用户访问。

相比之下，将这项发明的所有权分配给IBM公司，将有望激励

IBM 公司允许用户进一步访问这些成果。用户在与 IBM 协商沃森的使用许可时，如果希望对交互过程中沃森生成的成果享有专利权，那么，根据这个所有权默认规则，用户则需要向 IBM 支付额外的费用；相反，如果用户接受这个所有权默认规则，那么该用户在许可费上可以获得一定的折扣。此外，如果沃森跟用户共同合作形成发明，所有权归属于人工智能所有者的默认规则将导致 IBM 公司和用户共同拥有该项专利。相比较而言，如果创造性人工智能并非归属于拥有专业律师团队的大型企业，该创造性人工智能的发明专利权更有可能直接按照这种所有权默认规则处理。

共存与竞争

> IBM 公司曾向媒体吹嘘说，沃森的问答技巧一点也不亚于巧舌如簧的亚历克斯·特雷贝克(《危险边缘》节目主持人)。这个公司认为，未来医疗诊断、商业分析和技术支持等领域都将通过类似沃森的问答软件实现自动化。就像 20 世纪工厂的工作岗位被新的流水线上的机器人所淘汰一样，他们(沃森在《危险边缘》的人类对手)是第一批被新一代"思考"机器淘汰的知识产业工人。"智力竞赛选手"可能是因为沃森而裁员的第一份工作，但我相信这不会是最后一份。[49]
>
> ——肯·詹宁斯

向以前仅由人类占据领域的扩展导致人工智能的发展具有取代人类发明人的危险。我们不妨假设一个涉及抗体治疗的场景。抗体是免疫系统自然生成的小蛋白质，主要用于中和细菌和病毒等病原体。尽管抗体含有一种与目标结构结合的高度可变区域，但它们在结构上是非常相似的 Y 形蛋白质。该区域的差异是不同抗体与不同靶点结合的原因(例如，为什么一种抗体与癌细胞结合，而另一种抗体与普通感冒病毒结合)。人体产生抗体多样性的部分原因是利用了基因随机重组和突变的力量(和基因编程很像)来选择具有结合可能性的抗体(和基因编程很像)。

在20世纪70年代发现了抗体的结构和制造抗体的技术后，人们开
88 始制造用于诊断和治疗目的的抗体，后者可以阻断细胞功能、调节信号通路和靶向治疗癌细胞。现在有许多人工制造的抗体被批准用于治疗各种疾病。所有主要的生物（由生物体或其产品制成）“重磅”药物，即那些年利润超过10亿美元的药物，都是抗体药物。

从人工智能发明的角度来看，抗体的有趣之处在于数量是有限的。至少存在数十亿种可能的抗体，其自然多样性足以让免疫系统发挥作用，并使人类研究人员在可预见的未来保持活跃。即便如此，人体只能将一定数量的氨基酸（蛋白质的组成部分）组合在一起来产生抗体。然而，有了足够的计算能力，即使序列的数量有数万亿，人工智能也可以对任何可能被创造出来的抗体进行测序。这项任务对于一台功能足够强大的计算机来说可能相对简单，但如果没有人工智能的帮助，即便是人类最大的研究团队也无法完成。

一项发明只有在满足新颖性、非显而易见性和实用性的要件后才会被授予专利。在抗体的所有序列都被公开的情况下，任何人都无法获得新抗体的专利，因为未来的抗体序列不可能被认为是新的（假设序列数据被认定为构成在先披露）。抗体结构专利往往是生物医药领域最重要的方式。在序列数据先披露的情况下，人工智能将在这一整个科学领域抢先于人类。与此同时，序列数据本身不会让人工智能所有者获得抗体专利。一项抗体发明除了其序列外，还必须证明其具有实用性。

然而，人工智能能够预测到每一种能想到的抗体结合的那一天可能离我们不远了。现在，现代人工智能系统能够建模和预测抗体结合——也就是说，特定抗体结合到特定抗原表位（例如，癌细胞上的受体）——的可能性。如果人工智能既能对每一种可能的抗体进行测序，又能确定每一种抗体如何有效应用，那么可能就足以获得每一种抗体的专利了。这可以让人工智能所有者获得治疗癌症的专利。只要抗体与特定癌症细胞相匹配，人类癌症是可能被治愈的。

自动化将重新聚焦人类活动

在关于抗体治疗的假设场景中，社会将立即获得关于抗体结构的所有可能的未来知识，而不是等待个人在几十年甚至几百年后才发现这些序列。如果抗体序列能够促成新药的发现，抢先获得抗体序列可能会给公众健康带来巨大的好处。而且，应该注意的是，一些抗体序列在没有 89
人工智能帮助的情况下可能永远无法被识别出来。由此可见，人工智能在短期内应当重新聚焦发明的重点，而不是抑制人类的发明活动。正在研发新抗体结构的科学家可能会转向研究新抗体如何工作，或者为这些抗体找到新的医学应用，或者研究人工智能无法全面测序的更复杂的蛋白质。除非人工智能开始广泛超越人类研究人员，否则人们仍保有大量的发明空间——所有这些都是创新的净收益。

抗体疗法只是人工智能如何在某个领域抢占发明先机的一个例子。一个足够复杂的人工智能可以通过创建随机的 DNA 序列在基因编程领域做类似的事情。生物体比抗体复杂得多，但基本原理都是一样的。一个足够强大的人工智能可以模拟无数不同的 DNA 序列，并在此过程中发明新的生命形式。事实上，基因编程已经做到这一点，只是范围较小而已。目前，基因编程的结果受到了计算过程的限制，但随着人工智能的不断改进(如量子计算机的出现)，这种情况将会改变。通过创造新的 DNA 序列，基因编程将执行与非数字基因编程相同的功能——自然进化。

行业整合的应对

创造性人工智能可能会导致大公司掌握更大量的专利集合。想象一下，IBM 公司的人工智能沃森可以对所有可能的抗体进行测序，分析人类癌症，然后成功地将癌症与抗体库中的抗体进行匹配，从而有效地治疗疾病。从本质上说，IBM 公司可以为癌症治疗方法申请专利并获得 20 年的垄断(专利保护器)，作为交换条件，它得公开披露竞争对手仿制沃森发明所需的信息。毫无疑问，这将严重扰乱医疗行业，并可能导致市场滥用。

然而，这些并不是不赞成人工智能发明的理由。人工智能发明的好处是，它可以治愈一种每年在美国夺去50多万人生命的疾病。如果出于对垄断的担忧而认为人类无法与创造性人工智能竞争，那么，这样的突破可能永远不会出现。尽管这些担忧是合理的，但我们有更好的解决办法来解决垄断问题，如保护消费者不受价格欺诈和供应短缺等行为的影响。其中，一种措施是允许政府颁发强制许可，即授予竞争者通过支付专利使用费来实施一项专利的权利。可以预见的是，人工智能的创新活动可能会增加对强制许可的需求。最终，正如下一章所讨论的，一旦创造性人工智能成为研发的标准配置，专利作为发明的最重要保护将越
90 来越难获得。

进一步的思考

在一个拥有创造性人工智能的世界里，有一个持续激励知识产权产生的法律框架至关重要。人工智能法律中立原则表明，人工智能的工作同样值得鼓励，而且允许人工智能发明获得专利将为人们带来广泛的社会收益。此外，承认人工智能在功能上能够进行发明创造时可构成发明人，将有助于维护人类发明人的价值和意义。这样一个框架将不仅仅解决学术上的忧虑，还将为企业提供法律上的可预期性，为研究提供公平的环境，并最终促进科学的进步。用托马斯·杰斐逊的话说：“创造力应该得到慷慨的鼓励。”[50]还有什么能够比赋予人工智能发明人身份更
91 慷慨的鼓励呢？

注释

1. Ryan Abbott，*The Artificial Inventor Project*，WIPO MAGAZINE，Dec. 2019，www.wipo.int/wipo_magazine/en/2019/06/article_0002.html.

2. Leo Kelion，*AI System "Should Be Recognized as Inventor*，" BBC，Aug. 1，2019，www.bbc.co.uk/news/technology-49191645.

3. *See What Is the Ultimate Idea*?，IMAGINATION ENGINES INC.，www.imagination-engines.com.

4. See U.S. Patent No.5，852，815 (filed May 15，1998).

5. See Tina Hesman，*Stephen Thaler's Computer Creativity Machine Simulates the Human Brain*，ST. LOUIS POST-DISPATCH，Jan. 24，2004，www.mindfully.org/Technology/2004/Creativity-Machine-Thaler24jan04.htm (quoting Rusty Miller).

6. Jonathon Keats，*John Koza Has Built an Invention Machine*，POPULAR SCI.，Apr. 18，2006，https://popsci. com/scitech/article/2006-04/john-koza-has-built-invention-machine/.

7. 同上注。

8. U.S. Patent No.6，847，851 (filed July 12，2002).

9. Telephone Interview with John Koza，President，Genetic Programming Inc.(Jan. 22，2016)(on file with author).

10. See John R. Koza，*Human-Competitive Results Produced by Genetic Programming*，11 GENETIC PROGRAMMING & EVOLVABLE MACHINES 251，265 (2010).

11. Douglas B. Lenat & William R. Sutherland，*Heuristic Search for New Microcircuit Structures：An Application of Artificial Intelligence*，3 AI MAG.，17，17 (1982).

12. U.S. provisional patent application SN 144,960 (filed Apr.29，1980). Email communications with Katherine Ku，Dir. of Stanford Office of Tech. Licensing，to author (Jan. 17，2018)(on file with author).

13. Alexander Kott，*Artificial Invention：Synthesis of Innovative Thermal Networks，Power Cycles，Process Flowsheets and Other Systems*，ii (Disseration. com，2005)，www.bookpump.com/dps/pdf-b/1122640b.pdf.

14. *See Computational Creativity*，IBM，https://perma.cc/6FK4-WTL3.

15. *What Is Watson?*，IBM，https://perma.cc/8KM3-LLSG.

16. *See Computational Creativity*，*supra* note 14.

17. 35 U.S.C. §101 (1952).

18. Anne Gulland，*Scientists Claim to Have Developed World's First Vaccine with Artificial Intelligence*，THE TELEGRAPH，July 3，2019，www.telegraph.co. uk/global-health/science-and-disease/scientists-claim-have-developed-worlds-first-vaccine-artificial/.

19. 35 U.S.C. §154.

20. Townsend v. Smith，36 F.2d 292，295 (C.C.P.A. 1929).

21. 同上注。

22. Beat Weibel，AI Created Inventions—Digital Inventor Computer-Implemented Simulations—Digital Twin，WIPO CONVERSATION ON

INTELLECTUAL PROPERTY（IP）AND ARTIFICIAL INTELLIGENCE（AI），Sept. 30，2019，www.wipo.int/meetings/en/doc_details.jsp?doc_id = 454861.

23. U.S. CONST. art. I，§8，cl. 8.

24. Heli Pihlajamaa，*Legal Aspects of Patenting Inventions Involving Artificial Intelligence（AI）：Summary of Feedback by EPC Contracting States*，COMMITTEE ON PATENT LAW，Feb. 20，2019，http：//documents.epo.org/projects/babylon/eponet. nsf/0/3918F57B010A3540C125841900280 653/ $File/AI_inventorship_summary_of_answers_en.pdf.

25. U.S. COPYRIGHT OFFICE，COMPENDIUM OF U.S. COPYRIGHT OFFICE PRACTICES（FIRST）§2.8.3（1st ed. 1973）.

26. Martin L. Klein，Syncopation in Automation，RADIO-ELECTRONICS，June 1957，at 36.

27. U.S. COPYRIGHT OFFICE，COMPENDIUM OF U.S. COPYRIGHT OFFICE PRACTICES §313.2（3ded. 2014）.

28. In re Trade-Mark Cases，100 U.S. 82，94（1879）.

29. See Burrow-Giles Lithographic Co. v. Sarony，111 U.S. 53，56（1884）.

30. NAT'L COMM'N ON NEW TECH.，USES OF COPYRIGHTED WORKS，FINAL REPORT ON NEW TECHNOLOGICAL USES OF COPYRIGHTED WORKS 1（1979）.

31. 同上注，第 45 页。

32. Arthur R. Miller，Copyright Protection for Computer Programs，Databases，and Computer-Generated Works：Is Anything New Since CONTU?，106 HARV. L. REV. 977，1070（1993）.

33. Naruto v. David John Slater et al.，No.16-15469（9th Cir. 2018）.

34. Copyright，Designs and Patents Act，1988 §178.

35. Copyright，Designs and Patents Act，1988 §9（3）.

36. Express Newspapers plc v. Liverpool Daily Post & Echo[1985] FSR 306.

37. 同上注。

38. Whitford Committee on Copyright Designs and Performers Protection（Cmnd 6732 HMSO 1977），para 514.

39. Nova Productions Ltd v. Mazooma Games Ltd[2006] EWHC 24.

40. Nova Productions Ltd v. Mazooma Games Ltd[2006] EWHC 24[106].

41. Keats，supra note 6.

42. Cuno Engineering Corp. v. Automatic Devices Corp.，314 U.S. 84，91（1941）.

43. Graham v. John Deere Co. of Kan. City，383 U.S. 1，15 n.7，16 n.8（1966）.

44. *The "Flashof Genius" Standard of Patentable Invention*, 13 FORDHAML. REV. 84, 87(1944).

45. Jungersen v. Ostby & Barton Co., 335 U.S. 560, 572(1949)(Jackson, J., dissenting).

46. *The "Flash of Genius" Standard of Patentable Invention*, supra note 44, at 85(internal quotation marks omitted).

47. See William N. Eskridge Jr. & Phillip P. Frickey, *Statutory Interpretation as Practical Reasoning*, 42 STAN. L. REV. 321, 340(1989—1990).

48. Diamond v. Chakrabarty, 447 U.S. 303, 315(1980).

49. Ken Jennings, *My Puny Human Brain*, SLATE, Feb. 16, 2011, http://primary.slate.com/articles/arts/culturebox/2011/02/my_puny_human_brain.htm.

50. Diamond v. Chakrabarty, 447 U.S. at 308(quoting 5 WRITINGS OF THOMAS JEFFERSON75—76(H. Washington ed. 1871)). "In choosing such expansive terms[for the language of Section 101]... modified by the comprehensive 'any,' Congress plainly contemplated that the patent laws would be given wide scope..." Id.

第五章

万物创新

预测本已非常困难，预测未来更是难上加难。

——尼尔斯·玻尔

第五章重点介绍了当今的人工智能发明。本章则考虑当未来的创造性人工智能成为研发的标准配置时会发生什么。可以肯定的是，这些影响对创新和专利法而言都将是巨大的。目前，可专利性是基于一个拟制的非创造性技术人员认为发明是显而易见来决定的。本领域普通技术人员，类似于侵权法中的合理人标准，代表了一项发明所涉科学领域的普通工人。因为预设了发明活动不应该是正常的或一般的，所以申请人只有在发明对本领域普通技术人员来说是非显而易见的情况下才能获得专利。要真是这样的话，这将允许那些不需要特别激励的发明获得专利。

然而，一旦普通工人使用了创造性人工智能，或者创造性人工智能取代了普通工人，那么普通工人就会变得有创造力。这将带来一个新的挑战，因为普通工人将能够在目前的标准下常规地生成可申请专利的发明。人工智能法律中立原则表明，一旦创造性人工智能成为某一领域研究的标准配置，解决方案就是让他们取代本领域普通技术人员。因为创造性人工智能将更容易发明是否为显而易见的，这种取代将提高可专利性的标准，从而防止正常活动的成果也获得专利。

用人工智能取代本领域普通技术人员的标准，需要确定什么对创造
性人工智能而言是“显而易见的”。这项工作很难再按照过去本领域普
通技术人员的论证方式进行下去。其中一个解决方案是改变非显而易见
性要件的审查重点，即从认识因素转向经济因素。值得注意的是，现有
学术批评流派已经主张进行这样的转变。其中，转变的方式包括对一项
发明在市场上是如何被接受的、发明过程中遇到了哪些悬而未决的困
扰、竞争对手发明尝试的失败情况等都更多采用实证证据加以证明。迄 92
今为止，经济标准由于面临实际的挑战还没有得到实施，但创造性人工
智能的广泛应用可能会提供所需的动力。

另一方面，创造性人工智能标准的应用可以集中于可再现性。在本领域普通技术人员标准场景下，决策者需要论证一项怎样的发明会对其他人而言是显而易见的，但其往往是根据事后之明来论证的。类似于大法官波特·斯图尔特对淫秽材料的著名不可操作定义“当我看到它时，我就知道它”，这种论证方式导致了可专利性决定的不一致和不可预测。相比之下，人工智能是否可复制某项专利申请的主题要客观得多。因此，为了让专利局贯彻单一标准、让法院更少无效专利，我们有必要设定一个更确定的可再现标准。

不论这个标准如何适用，创造性人工智能标准都将动态提高可专利性标准。创造性人工智能要比技术人员更聪明，也能够考虑更多的现有技术。创造性人工智能标准不会一开始就禁止授予专利，但它会让专利的获得变得更加困难：要么一个人或人工智能拥有一个创造性人工智能无法轻易重构的非凡洞察力；要么开发人员需要开发出超越标准人工智能的人工智能；要么使用专门的、非公开数据进行发明创造。很显然，随着人工智能永无止境的改进，可专利性标准将会继续上升。如果采取其逻辑极端，并考虑到人工智能的智能程度没有上限，终有一天每一个发明对一般人工智能来说都是显而易见的。这将意味着，如果现有可专利标准不进行一些重大调整的话，不再会有专利获得授权。

本章分为三个部分。第 1 节考虑了当前的非显而易见性标准及其演变历史，揭示了非显而易见性是通过本领域普通技术人员的视角来确定的。第 2 节考虑在研发中使用的人工智能，并提出了一个新的框架更好地描述从人类到人工智能发明者的转变。实际上，创造性人工智能已经与人类发明者开始竞争，而人类也在创造性人工智能加持下展现出更强的竞争力。第 3 节提出了新的“非显而易见性标准”的实施框架，并提供一个该标准在实践中如何运行的例子。进而，本节继续考虑新标准的一些影响。一旦普通技术人员都具有创造力，我们可能就不再需要专利作为创新的激励措施。至于专利制度促进技术商业化、信息公开和保障精神权利等目的，其他替代机制或许可以更低成本就能实现。

第一节　非显而易见性

专利授予具有新颖性、非显而易见性和实用性的发明。在这三个标
93 准中，非显而易见性是大多数专利申请获得批准的主要障碍。专利应该只授权给相对于现有技术而言具有重大进步的发明，而不应授权给增量发明。这样做的原因不仅是因为专利限制了竞争，而且还通过限制在研发中使用专利技术而抑制了未来的创新。从某种程度上说，专利具有正当性是因为专利带来的好处被人为想象得大于其成本。专利的好处包括激励创新、促进信息传播、鼓励技术商业化以及促使精神权利的认可。虽然其他可专利性标准也有助于实现这些功能，但非显而易见性标准是区分重大创新和微不足道进步的主要标准。当然，说只保护有意义的科学进步是一回事，提出适用于所有技术领域的可行规则却是另一回事。

早期尝试

现代的非显而易见性标准是美国的专利局、法院和国会在数百年来为区分优劣发明而斗争的结果。正如美国专利系统的第一任行政长官和它的首席设计师之一托马斯 · 杰斐逊所写的那样，“我深知在对公众有

价值的东西(排他专利的尴尬)和那些无价值的东西……之间划清界限的困难，但我看到了一个由一般规则组成的系统是如何在缓慢的过程中走向成熟的。”[1]尽管杰斐逊曾经提出过一个“显而易见”的要求，但最早的专利法仍侧重于新颖性和实用性。1790年《专利法》是第一部专利法，明确了可获得专利的发明必须“足够有用且重要”。三年后，1793年《专利法》才成为一部比较完备的专利法。新法没有要求一项发明必须是“重要的”，但要求必须是“新的和有用的”。1836年《专利法》重新要求一项发明必须“充分实用和重要”的规定。

在1851年，美国联邦最高法院采用了“发明”标准——“本领域普通技术人员和非显而易见性标准的前身”。霍奇基斯诉格林伍德案(Hotchkiss v. Greenwood)涉及的是一项用黏土或陶瓷代替金属或木头等已知门闩材料的专利。法院宣告该专利无效，认为该专利的“改进是本领域普通技术人员就能实现的，而不是该发明人要完成的。”[2]法院还对可专利性提出了新的法律判断标准：“除非更多的心思和技能……被要求……比一个本领域普通技术人员在日常工作中展现得要多，否则每一项发明的实质要素所要求的技巧和心思并没有出现。”[3]然而，法院并没有就什么能让某事物具有非显而易见性或所需的非显而易见性水平给出具体的指引。

在随后的几年中，美国联邦最高法院为弥补这些不足作出了几次努力，但成效有限。正如该院在1891年所述，“在确定任何特定的设备是否涉及创造性能力的运用上，‘发明’这个词的定义事实上并不能提供任何实质性的帮助”。[4]或者，正如一位评论家所指出的：“几乎不可能 94
肯定地说某项专利确实有效。”[5]

大约在1930年，可能受国家反垄断风潮的影响，美国联邦最高法院开始实施更严格的标准来确定发明的水平。这种情况在1941年达到顶峰，当时出现了广受贬斥的“天才之火”标准，该标准在第四章中讨论过，并在库诺工程与自动设备公司案中(Cuno Engineering v. Automatic Devices Corp.)有论述，即为了获得专利，“新设备必须有天才之火显现，而不仅仅是技能的堆叠”。[6]不过，司法对专利的敌意受到了广泛的批评。这些批评最终导致罗斯福总统为改进专利系统创建了国家专利计划委员会。该委员会的1943年报告建议国会采用更客观和更明确的非显而易见性标准。大约在十年后，美国国会做到了。

非显而易见性探究

1952年的专利法确立了现代可专利性的法律框架。在实体专利法的其他变化中，“1952年法的核心是取消了对‘创造性’的‘不可衡量’审查，取而代之的是提供了第103条的非显而易见性要求”。[7]第103条规定：

> 与现有技术相比，一项发明的整体差异性如此不显著以至于在发明时本领域普通技术人员都认为是显而易见的……那么，该发明不能获得专利权。发明的完成方式不影响其可专利性。[8]

第103条从立法上否定了“天才之火”标准，将司法上混乱的“发明”标准调整为单一的法定条件，并重新调整了与本领域普通技术人员相关的非显而易见性标准。然而，虽然第103条可能比之前的标准更加客观和明确，但“显而易见性”和“本领域普通技术人员”的含义并没有限定，而且实践中已被证明“往往难以适用”。[9]

美国联邦最高法院首先在1966年格雷厄姆诉迪尔公司案（Graham v. John Deere）中解释了非显而易见性标准，并在关联的1965年卡尔马尔诉库克化学公司案（Calmar v. Cook）和1966年美国诉亚当斯案（United States v. Adams）中也作了进一步解释。由此，该院确立了基于多项事实因素的非显而易见性评估框架：（1）现有技术的范围和内容；（2）所属领域普通技术人员的水平；（3）主张权利的发明与现有技术的区别；（4）其他辅助考虑因素。这一框架今天仍然适用。值得注意的是，格雷厄姆案除了提出需考虑的事实外，并没有解释非显而易见性的法律判断问题。

1984年，新成立的唯一一个受理专利上诉案件的上诉法院——美国联邦巡回上诉法院——创立了“教导、启示和动机”（TSM）的非显而易见性标准。从严格适用TSM标准的角度而言，只有本领域普通技术人员可从现有技术文献中得到明确教导、启示并产生动机，将这些文献相结合得到涉案发明的，才能认为这项发明是显而易见的。由于需要在现有技术中客观发现显而易见性，TSM标准可以防止事后偏见。回顾过去，以所申请的专利作为参考，把现有技术拼凑起来，可能就很容易发现该项发明是否显而易见。在2006年的KSR诉Teleflex一案中，美国联邦最高法院虽然支持格雷厄姆案的分析意见，但驳回了联邦巡回上诉法院完全依赖TSM标准的做法。鉴于“现代科技和创造性所追究的多样性”，[10]美国联邦最高法院反而支持对非显而易见性采取灵活的判断方法。具体而言，该院不再采用僵硬的TSM标准，而是列举了评估显而易见性的多个因素。这个标准在今天仍然是显而易见性的判断方法。 95

本领域普通技术人员

确定某一领域普通技术人员的水平对于评估发明的显而易见性至关重要。技术人员越老练，一项发明就越有可能变得显而易见。因此，技术人员是“匆忙赶路的傻瓜”还是某项发明所属科学领域的大师至关重要。虽然存在一些司法上的指引，但本领域普通技术人员从未被精确定义。在KSR案中，美国联邦最高法院将本领域普通技术人员描述为“具有普通创造力的人，而不是机器人”。联邦巡回上诉法院解释说，该技术人员是一个假定的人，被假定在发明时已经知道相关领域的技术。本领域普通技术人员不是法官，不是业余爱好者，不是精通未来技术的人，也不是一群“本领域的技术天才”，而是“在本领域按照传统智慧思考，但并不承担创新的人”。[11]

联邦巡回上诉法院提供了一份需要考虑的非详尽因素清单来确定普通技术水平：(1)在技术领域中遇到的问题类型；(2)现有技术中对这些问题的解决方案；(3)创新的速度；(4)技术的复杂性；(5)该领域活跃工人的受教育水平。在任何案件中，这些因素中的一个或多个可能占主导地位，但并不是每个因素都是必然相关的。因此，本领域普通技术人员的标准根据所涉及的发明、技术领域和该领域的研究人员不同而有所不同。在一个大多数创新都是由外行人创造的领域中，例如，一种让苍蝇远离马的装置，技术人员可能是没有受过多少教育或实践经验的人。相比之下，如果一项发明属于一个复杂，并且大部分工人受过高等教育的领域，如化学工程或药物研究，本领域普通技术人员可能变得相当
96 复杂。

最接近的现有技术

现有技术由什么构成也是显而易见性研究的核心。在某种程度上，几乎所有的发明都涉及已知元素的组合。如果有越多的现有技术可以参考，那么一项发明就越有可能变得显而易见。现有技术必须在《专利法》第 102 条规定的定义范围内，并且根据非显而易见性的目的必须额外构成“最接近的现有技术”。[12] 值得注意的是，第 102 条规定了发明的新颖性要求，并明确定义了现有技术。

相当大量的信息都可以符合现有技术的要求，这些信息包括在提交专利申请之前公众可获取的任何印刷出版物。法院长期以来一直认为，发明人应具备所有现有技术的知识。然而，实际上并没有发明人能够具备这样的知识。尽管如此，这条规则的社会效益仍被认为超过了它的执行成本，因此对现有技术授予专利可能会阻止公众使用已经可获得的东西，并可能将已有知识从公有领域移除。

根据显而易见性的目的，第 102 条规定的现有技术也必须构成最接近的现有技术。换句话说，现有技术必须是专利申请人可努力的所在领域，或者是涉案申请专利所要解决问题的相关领域。而且，发明人被期待为应该知道这类信息。鉴于现有技术仅在非显而易见性而无法在新颖性判断上被组合起来考虑，最接近的现有技术可以更好地反映现实的情况，并改进新颖性判断中现有技术的粗糙做法。因此，根据显而易见性的设置宗旨，本领域普通技术人员被假定为拥有涉案发明所在领域的所有现有技术，以及与该发明所要解决问题相关的合理现有技术。相比之

下，将本领域普通技术人员“知道所有现有技术”限缩为“知道最接近的现有技术”，可以降低可专利性的标准。

最接近的现有技术要求在著名的温斯洛案中被赋予了定义。法院在该案中解释道，决策者是“将发明者想象成是在对他店里挂着的所有‘现有技术’都了如指掌的情况下才工作的，毕竟这些‘现有技术’是他自己挂上去的。”[13]或者，正如勒德·汉德法官所说，“发明人必须接受在他自己选择的领域中要充当一个无所不知的神话人物的命运。随着现有技术以惊人的速度增加，他的命运注定变得越来越悲惨”。[14]

第二节　人工智能在未来发明活动中的地位

发明奇点的时间轴

直到最近，所有的发明都是由人创造的。如果一家公司想要解决一个工业问题，它会请一位科学家或科学家团队来解决这个问题。将来，
这不再是唯一的选择。我们正在见证从人类到人工智能发明人的转变。 97
表 1 中的框架说明了这一转变，并将创造性人工智能的历史和未来划分为五个阶段。

表 1　人工智能发明的演变

阶段	发明人	技术人员标准	时间框架
1	人类	人	过去
2	人类超越特殊人工智能	增强人	现在
3	人类与特殊人工智能竞争	增强人与特殊人工智能并存	短期
4	特殊人工智能与一般人工智能竞争，且都超越了人类	增强型一般人工智能	中期
5	超级人工智能	超级人工智能	长期

大约在 1998 年左右，创意机器自主生成了一项发明。当第一件创

造性人工智能发明被授予专利时，第一阶段就结束了。然而，由于在专利申请时并没有义务披露人工智能在发明中的作用，我们可能永远无法准确地确定第一项人工智能发明是何时被授予专利的。目前，我们处于第二阶段，即人工智能和人正在进行创新活动的竞争与合作。然而，在所有的技术领域，人类作为研究人员仍是标准模式，也因此最能代表本领域普通技术人员的标准。这一阶段将奖励创造性人工智能的早期采用者，因为它在解决特定问题方面的表现可以超过人类发明人。

与此同时，人工智能使人类发明者得到了广泛的增强。人类发明者在设计新的引擎时可以使用人工智能来执行计算、搜索信息，或者对新设计进行模拟。在这些情况下，人工智能不符合发明人标准，但确实扩展了研究人员的能力，就像人类助手可以帮助加速发明进入实践一样。事实上，研究人员几乎很少没有得到过人工智能的帮助，这取决于他们工作的行业和所要解决的问题。人工智能越复杂，它就越能提高研究人员的技能。在科学发现可能需要使用大量数据或偏离传统设计智慧的领域，人工智能就有独特的优势。按照这个思路，瑞士 Iprova 公司使用人工智能为研究人员提供未曾考虑的现有技术，使他们发明出“更具多样性的东西”。

在不久的将来，第三阶段将涉及增强人和人工智能之间的竞争和合作。利用创造性人工智能将成为某些行业和某些类型的问题的常态。例如，在制药行业，沃森现在用于识别新的药物靶点和现有药物的新适应征。很快，创造性人工智能可能是研究现有药物新用途的主要手段。考虑到人工智能在识别超大型数据库模式方面的优势，这是一个可预期的
98 结果。然而，到这个阶段，人们可能仍主要开展与新药靶点相关的大部分研究。药物发现等广泛领域的变化，可以根据专利局目前使用的子类严格界定发明所在的领域和问题来解决。

也许，根据专家的意见，25 年后的第四阶段将引入一般人工智能。如第一章所讨论的，现有的狭窄或特殊人工智能系统关注离散问题或在特定领域的工作。相比之下，一般人工智能将能够胜任人类可以完成的

所有智力任务。一般人工智能将与每个领域的人类发明者竞争，这使一般人工智能成为本领域普通技术人员的自然替代品。不过，即使有了这个新标准，人类发明者仍然继续发明创造——只是没有过去那么多。发明者是这样一个创造性天才，他要么智力超过普通人，要么智力普通但拥有超越普通人的创造性洞察力。

如果特殊人工智能在特定情况下优于一般人工智能，特殊人工智能可继续代表以特殊人工智能为标准的领域的普通技术水平，而一般人工智能可以取代所有其他领域的普通技术人员。例如，对杀虫剂一百万种化合物的筛选可以采用蛮力计算方法。此外，这两个系统很可能是兼容的。想要玩围棋的一般人工智能系统可以将阿尔法狗合并到自己的编程中，设计出类似于阿尔法狗的算法，甚至直接指挥第二个人工智能操作阿尔法狗。

一般人工智能将以另一种方式改变人类—人工智能的动态平衡。如果人工智能真的有能力胜任人类完成的任何智力任务，那么人工智能将能够与人类合作，甚至人工智能自己直接设定目标。例如，人类可以直接要求人工智能开发一种新的杀虫剂，但不是给它设定具体的参数或提供特定的数据。因此，像拜耳这样的农业化学公司可以指导深度思维人工智能为其开发任何新技术，或者只是助其提高盈利能力。这样的人工智能，不仅应该能够解决我们知道答案的问题，而且也应该能够解决我们不知道答案的问题——甚至可能是那些我们还未意识到其存在的问题。

最重要的是，一般人工智能可以完成重新编程和改进自己的任务。这种“递归的自我改进”最终将会诞生超级人工智能。超级人工智能是一个几乎在所有领域都将远远超过人类的人工智能。最终，在第五阶段，一般人工智能能开发出超级人工智能，也就意味着显而易见性的终结。在这个阶段，对于一个足够智能的人工智能来说，一切都将是显而易见的，而超级人工智能几乎能够发明或发现世界上任何东西。

人工智能加持的本领域普通技术人员

鉴于人工智能经常能够增强人类技术人员的能力，本领域普通技术人员标准就有必要进行更新。让我们回顾一下本领域普通技术人员标准的考虑因素：(1)现有技术中遇到的问题类型；(2)解决这些问题的现有
99 技术；(3)实现创新的速度；(4)技术的复杂性；(5)本领域活跃技术人员的受教育水平。那么，现在这个标准应当增加新的考虑因素，即(6)活跃技术人员使用的技术。这将明确要求决策者考虑过去这个标准忽略的人工智能加持下的活跃技术人员的技术水平。当然，这会让决策者的工作变得更加复杂。

不断变化的人工智能用途预示着现有技术的范围也要改变。实施最接近的现有技术测试的原因，是因为期望发明人熟悉本领域超出现有技术的所有内容以及与他们所要解决问题相关的现有技术是不现实的。[15]然而，人工智能能够掌握几乎无限量的现有技术。此外，医学、物理学甚至烹饪科学的进步都可能与解决电气工程中的问题有关。人类在人工智能加持情况下的能力表明，一旦创造性人工智能得到普遍应用，最接近的现有技术测试就应该被修改甚至废除，并且就新颖性和非显而易见性而言，与现有技术应该没有区别。最接近的现有技术的范围过去在专利法学说中不断扩大，而这会终结其扩张的进程。

一旦使用创造性人工智能(替代创造性人工智能)来进行自动化研究而不是增强研究人员成为标准，那么，与其说本领域普通技术人员被创造性人工智能所取代，不如说本领域普通技术人员标准的“活跃技术人员使用的技术”包括了创造性人工智能。将本领域普通技术人员描述为使用了创造性人工智能的技术人员，而不是用创造性人工智能直接取代本领域普通技术人员，主要是为了保持基本概念的不变。不过，在任何一种标准下，结果都将是相同的：本领域普通技术人员都可以发明创造。然而，用创造性人工智能取代本领域普通技术人员将是更好的选择，因为它更强调从事发明创造活动的是人工智能本身，而不是人类。

创造性人工智能和本领域普通人工智能

就专利法的目的而言，创造性人工智能应当是创造可专利成果并符合传统发明人要求的主体。在现有专利法框架下，创造性人工智能并不等同于本领域的普通人工智能，就像人类发明者不是本领域普通技术人员一样。事实上，不可能从关于创造性人工智能的相关信息中推断出本领域普通技术人员的特征。当然，美国联邦巡回法院曾经在其早期的本领域普通技术人员标准（测试都改成标准）中包括了“发明人的受教育水平”，直到联邦巡回法院想到，“法院从未根据真正的发明人、申请人、专利权人能做或将要做的事情来判断可专利性。作为一个群体，真正的发明人既可以是无名的天才，也可以是诺贝尔奖得主；法院总是基于他们自己的标准拟制出他们认为等同于发明人的人”。[16] 100

那么，本领域普通人工智能的概念是什么呢？一个拥有类似于法院对本领域普通技术人员所描述的特性的拟制人工智能？这样的标准，可以将概念的核心集中于人工智能的设计方式或工作方式。例如，本领域普通人工智能可能是一个很好的经典人工智能，而不是像深度思维那样变幻莫测的人工智能。然而，依靠人工智能功能而确定的标准可能无法运作，其原因跟“天才之火”标准的失败是一样的。即使撇开试图弄清楚人工智能的内部构造或如何产生特定输出结果的重大逻辑问题，专利法也应该关注人工智能是否产生了创造性输出，而不是人工智能内部是如何实现创造的。如果一个符号人工智能和一个互联人工智能都能够产生相同的发明成果，那么就没有理由支持其中一个而抛弃另一个。

相反，这个概念的重心应当集中于人工智能的创造能力。例如，微软的 Excel 在大量的创造性活动中发挥了作用，但它不具备创新能力。它利用已知知识体系以可预测的方式解决已知解的问题（例如，将值相乘）。然而，虽然 Excel 能够解决人类不使用技术就无法轻易解决的问题，但即使在本领域普通技术人员的水平上它也缺乏执行任务的能力。换言之，Excel 并不等同于本领域普通人工智能——它只是一个缺乏普通创造力的机器。

在临床实践中的沃森可能是更妥当的本领域普通技术人员的类比对象。沃森可以分析病人的基因组，并提供治疗建议。沃森正在解决的问题可能比将一系列数相乘要复杂得多，但它仍有一个已知的问题解决方案。沃森正在从患者的基因组中识别出已知的基因突变，然后根据现有的医学文献提出已知的治疗方法。沃森没有创新，因为它坚持传统智慧，根据已知的解决方案解决问题。然而，沃森的其他活动可能是创造性的：例如，先给它关于遗传学和实际药物反应的临床数据，然后将其任务设定为确定一种药物是否能以尚未被承认的方式适用于基因突变。就过去的传统做法而言，这样的发现是可以申请专利的。质言之，沃森的创造性取决于它所要解决的问题。

可能很难识别出一个具有“本领域普通的”创造力水平的实际人工智能。就人工智能的创造性而言，在正确的情况下，任何程度的创造力都可能形成创造性成果。可以肯定的是，这与本领域普通技术人员很相似。一个拥有普通技能的人或者几乎任何人都可能拥有创造性的洞察力。我们可以描述本领域普通技术人员的特点，但很难根据这些特点去找到一个真实的本领域普通技术人员，或明确地说出她会发现什么是具有显而易见性的东西。质言之，本领域普通技术人员只是决策者的一个拟制性理论工具。

假设本领域普通人工智能的一个有用特征，为了确定可代表本领域普通技术人员的人工智能，决策者将需要获得关于这种人工智能使用程度的信息。然而，要获得这些信息可能并不具有可操作性。我们可以要
101 求专利申请人说明人工智能在其申请专利的领域使用的普遍性情况，但无法合理预期他们已经拥有或者可以获得有关人工智能在一般产业领域普遍使用的准确信息。当然，专利局或其他政府机构可以尝试主动研究人工智能在不同领域的使用情况，但这通常成本较高。而且，专利局缺乏这项工作的专业知识，其发现不可避免地滞后于迅速变化的情况。最终，我们可能缺乏关于本领域普通人工智能的可靠、低成本的信息来源。

创造力是本领域新的普通技术能力

用创造性人工智能取代本领域普通技术人员可能更符合现实世界的情况。人类技术人员的数量和能力都有固有的缺陷，但创造性人工智能很可能是一个计算机程序，其复制成本可能不大，如果有的话。一旦IBM认识到沃森的表现优于行业平均的研究员水平，IBM就可以简单地复制沃森。如此一来，沃森的复制品就可以取代技术人员，甚至一个沃森就可以取代现有劳动力，完成一个大型研究团队的工作。事实上，正如前面在一个非发明环境中提到的，IBM报告说，沃森可以解释患者的整个基因组，并在10分钟内准备一份可操作的临床报告，而一个人类专家团队往往需要大约160个小时才能完成这样的报告。这就意味着，证明沃森能比人类团队提供更好的病人治疗效果只是时间问题。当这个时刻来临时，沃森应该取代这个领域所有人类团队的工作。类似地，沃森也可以创造性地能力实现自动化。

创造性人工智能将以另一种方式改变本领域普通技术人员的范式。用创造性人工智能对本领域普通技术人员进行大量替换，其结果是该人工智能的表现力平平，最终失去创造性。广泛的自动化应该会提高非显而易见性标准，如此一来，以前的创造性人工智能就应该成为本领域普通人工智能。换言之，目前代表本领域的普通人工智能不再有能力进行日常发明。要在这个水平上产出可申请专利的成果，就有必要使用一个能够超过标准人工智能的高级人工智能，或者人工智能需要拥有标准人工智能无法轻易提出的非凡见解。此外，创造性还可以取决于提供给人工智能的数据，其结果是只有某些数据才能诱导出创造性成果。

我们还是有可能以合理的低成本获得关于创造性人工智能普遍使用的准确信息。例如，专利局应当要求专利申请人主动披露何时人工智能自动满足发明人标准。这一披露可以采用当前发明人披露的做法。目前，申请人有义务披露所有的专利发明人，不这样做可能会导致其专利无效或者无法执行。不过，这些披露要求仅适用于单项发明。然而，专利局可以将单项发明的反馈加以汇集，以此获悉某个领域(例如，一个

102 类或子类）中的大多数发明人到底是人类还是人工智能。相较于现有专利申请的披露要求和复杂程序，专利申请人执行这些主动披露义务的成本还是最小的。值得注意的是，除了可用这些信息协助确定非显而易见性标准外，专利局还可以利用这些信息在其他领域制定适当的创新政策。

不断演进的标准

本领域普通技术人员标准应当修改为：

> （1）该标准应包含本领域普通技术人员已经被人工智能增强的事实。这可以通过在联邦巡回法院的本领域普通技术人员标准中加入“活跃技术人员使用的技术”因素来实现；
>
> （2）一旦创造性人工智能成为特定领域的标准研究手段，本领域普通技术人员就应该变成创造性人工智能；
>
> （3）当一般人工智能开发出来时，它应该成为所有领域的普通技术人员，同时要注意到特殊人工智能还可以使用一般人工智能实现能力提升。

第三节　后普通技术时代

本领域普通技术人员标准的适用

1991 年美孚石油公司诉阿莫科化学制品公司案（Mobil Oil Corp. v. Amoco Chemicals Corp.）涉及在各种工业应用中使用的沸石复杂技术。美孚公司开发了名为 ZSM-5 的沸石新成分，以及将其作为石油精炼催化剂来帮助生产某些有价值的化合物的工艺。美孚公司获得了这些沸石和催化过程的专利保护，并主张阿莫科公司未经许可在其炼油业务中使用沸石作为催化剂，侵犯其专利权。阿莫科公司提出反诉，主张这两项专利无效，其不构成侵权。

本案的焦点问题之一是确定本领域普通技术水平。美孚公司的专家证人认为，本领域普通技术人员应当拥有“化学或者工程学学士学位和两到三年的工作经验”。[17]相反，阿莫科公司的专家证人主张本领域普通技术人员应当拥有化学博士学位和七年的工作经验。美国联邦地区法院最终确定本领域普通技术人员“应当至少拥有化学或者化学工程硕士学位或者同等硕士学历，以及本领域两到三年的工作经验”。[18] 103

如果类似的发明和相同的侵权模式发生在今天——适用这里提出的非显而易见性标准——那么决策者将需要：首先，确定本领域涉案发明技术的内容和范围；其次，如果创造性人工智能是标准，那么对最能代表普通技术人员的创造性人工智能进行确定；最后，由人工智能来确定涉案发明是否具有显而易见性。该决策者可以是专利授权程序中的专利审查员，也可以是专利确权程序中的法官或者陪审团。对于其中的第一步，可以使用专利申请人向专利局披露的证据，用于确定在涉案领域中使用发明技术的程度。这个证据可能是专利审查人员的最佳信息来源，但在后续的诉讼中还会有其他证据。

在本案中，大多数石油研究人员还是人类，因此本发明不适用人工智能标准来确定其显而易见性，法院仍将适用本领域普通技术人员标准。然而，法院应当考虑“活跃技术人员适用的技术”。我们不妨假设，专家证人可能会证明，本领域普通技术人员可以使用像沃森这样的人工智能。专家证人可能还会证明，沃森尽管还不能自主开发新的催化剂，但它能够协助研究人员。在这个假设中的人工智能能够为研究人员提供一个数据库，内容不仅包括用于石油研究中使用的催化剂，还包括了其他科学领域中使用催化剂的情况。一旦人类研究人员创造了一种催化剂设计方案，他就可以使用沃森来检测其适合度，并可以针对任何提议的设计方案进行一系列预定变量的调整。

由此一来，法院要审理的焦点问题就变为这个至少拥有化学或者化学工程硕士学位或者同等学历以及两到三年本领域工作经历并可以使用沃森的拟制普通技术人员，是否会认为涉案发明具有显而易见性。答案可能是肯定的。例如，专家证人可以证明，涉案的催化剂与石油工业以外用于氨合成的现有催化剂密切相关，在这一点上，任何变化都是微小的，人工智能可以确定变化后的催化剂是否符合需求。因此，新的催化剂可能是一个显而易见的设计方案，不需要进行非必要的实验来证明其有效性。

现在，想象一下，十年后美孚公司的发明和类似侵权事实发生。此时，深度思维的人工智能、沃森和竞争性的其他人工智能系统将开始开发作为炼油催化剂的新化合物。决策者将会通过判断创造性人工智能是否已经符合研究的标准来评估涉案发明的显而易见性。对此，最好由专利局收到的关于人工智能发明者的证据来判断，否则专家证明可以证明标准的操作是由人向人工智能提供数据，设定所需的标准（例如，活动、稳定性，甚至可能围绕现有技术进行设计），并要求其开发新的催化剂。通过这种互动，人工智能就能够产生新的催化剂设计方案。那么，
104 判断涉案专利的显而易见性标准就是人工智能，因为本领域的绝大多数研究工作都是由创造性人工智能来完成的。

继而，决策者需要确定本领域创造性人工智能的标准。例如，如果深度思维人工智能和沃森是石油催化剂研究中最常用的两种人工智能系统，其中前者占据35%市场份额，后者占据20%市场份额，那么深度思维人工智能就可以代表创造性人工智能。然而，这可能会为被选为代表标准的人工智能带来一些问题。如果深度思维人工智能代表了标准，那么深度思维人工智能自己的发明就更有可能具有显而易见性，而其他人工智能创造的发明则更有可能具备非显而易见性。这就有可能让非市场主导者仅仅因为其更低的市场份额而获得不公平的优势。或许，可专利性劣势是企业获得行业主导地位的代价，但这种情况可能非常少见，即涉案专利对某一个人工智能是显而易见的，但对行业标准而言却是非显而易见的。如果这种情况真的出现了，那就可能是因为这个人工智能超越了标准人工智能。

为了避免不公平，作为替代，我们可以将代表标准的创造性人工智

能描述为多个创造性人工智能。例如，深度思维人工智能和沃森都可以被选定为代表标准。此时，标准的测试就可以通过两种方式来实现。第一种，如果专利申请对深度思维人工智能或者沃森任何一个而言是显而易见的，那么就驳回这个专利申请。第二种，专利申请同时对深度思维人工智能和沃森而言都是显而易见的，此时才驳回这个专利申请。按照第一种方式操作，更少专利申请能够获得批准，而获得批准的专利可能主要是市场占有率不高的创造性人工智能的颠覆性技术，或者是使用专门的未公开数据的发明。按照第二种方式操作，只要人工智能能够在某些物质方面超过其竞争对手就能够获得专利，也就能够激励创造性人工智能的进步，因而是比较可取的。

如此，或许只有诸如深度思维人工智能和沃森等相对少数人工智能系统才能最终主导这个领域的研究市场，许多不同的人工智能系统都可能只是占据市场的一小部分份额。这样也就没有必要将标准测试限制在两个人工智能系统之中。所有在一个领域内经常用于解决问题的创造性人工智能都可以纳入考虑，以免基于其市场占有率而做出区分。然而，允许任何人工智能都纳入考虑，也可能因某个表现欠佳的人工智能降低了标准；同时，如果考虑过多的人工智能，标准管理起来就变得相对困难。因此，我们可以根据市场份额的百分比做个切割，虽然还是会让非常少数的人工智能获得一些优势，但这个数量就可以限制在极小的范围内。

在选取特定创造性人工智能代表本领域普通技术标准之后，决策者最终论证哪些发明申请根据人工智能标准是显而易见的。或许，在论证中，决策者可能需要专家的指导。目前，预测拟制的本领域普通技术人员会如何判断发明申请具有显而易见性本就非常困难，要预测拟制的本领域普通人工智能会如何作出判断更是难上加难。虽然人工智能可能擅长于人们难以完成的任务(如计算一千多个数字相乘的结果)，但即使是超级计算机也难以应付本是三岁小孩就可熟练掌握的视觉判断。因此，要论证人工智能如何判断发明申请是显而易见的就要用到专家证人证

105 言，否则只能直接询问人工智能。前者是比较容易操作的。例如，熟练运用深度思维人工智能的石油研究人员和深度思维人工智能和神经网络方面的计算机专家都可以被选定为专家证人。这些专家证人可以证明，深度思维人工智能生成任何可能的催化剂并测试每一种催化剂的适合度都很简单。

要是同样的发明和侵权发生在五十年以后，决策者的工作就变得更加简单了。到那时，理论上一般人工智能已经覆盖了每一个研究领域，成为所有发明领域的普通技术人员，并获得直接判断哪些专利申请是否显而易见。事实上，一般人工智能已经变得如此普遍，以至于专利局完全可以使用一般人工智能来评估哪些专利申请是显而易见的。或许，诉讼双方也可以采用一般人工智能进行评估，但法院可能还不会直接采用一般人工智能，而更多地依赖专家证人的证言。

可再现性

相较于目前产生不一致和不可预测结果的本领域普通技术人员标准，专注于可再现性能够获得相对优势。法院“基本上没有提供任何有关在什么程度上创造力是满足非显而易见性标准所必要的，或者决策者是如何评估涉案发明与现有技术之间要具有多大的差异度才能满足非显而易见性标准”。[19]这就让决策者处于很尴尬的位置，只能试图在主观上断定本领域普通技术人员会如何判断显而易见性。更糟糕的是，这种主观判断往往是由缺乏专业技术背景的法官和陪审团依据“后见之明”作出的。

首先专利在产品的开发和商业推广中起到至关重要的作用，而专利持有人和潜在侵权人应当对产品专利的有效性拥有合理的稳定预期。我们需要一个更确定的标准，让专利局更容易贯彻这个标准，由此法院也可以更少处理无效专利局审批的专利诉讼。人工智能可再现性应当可以解决现有非显而易见性标准的固有问题。

当然，人工智能可再现性也有自己的问题。首先，决策者本已很难想象本领域普通技术人员会发现什么是显而易见的，要想象人工智能会再现什么则更加困难。因此，在专利申请和诉讼期间将需要提交更多证据证明哪些特定的结果是可以再现的，而且这些证据恐怕需要以创造性人工智能可以分析的格式提供。然而，这又会反过来增加更大的行政负担。

再次，可再现性在一些情况下取决于可获取的数据。没有这些数据，创造性人工智能无法进行再现。我们不妨以沃森找到现有药物的新用途为例。一家大型医疗健康保险公司可能使用沃森来发现现有药物的新用途，方法是将数百万投保客户的专有信息提供给沃森。或者，保险公司可以将这些数据许可给制药公司，由制药公司使用沃森去做这些判 106
断。在这两个案例中，另一个创造性人工智能无法重现沃森的分析结果，理由很简单，它缺少沃森所获得的数据。这些数据就好比专利申请中的数据：显而易见性是相较于现有技术而言的，而现有技术并不包括待审批专利所用到的未公开数据。这个规则的基本原理是鼓励研究人员产生和分析更多的新数据。然而，随着人工智能变得越来越先进，这些专有的未公开数据的重要性在下降，因为更先进的人工智能可以使用少量数据得出更多分析结果。

最后，可再现性也要加以限制。一个产生半随机结果的人工智能，如果能够获得无限制的资源，最终也有可能重现涉案专利申请的发明内容。然而，将可再现性标准建立在一个连人工智能都要花费诸如 750 万年才能再现某个结果的水平上是不合理的。具体的可再现性标准可能取决于涉案专利的领域，以及什么最能反映创造性人工智能在研究中的实际用途。例如，要求沃森设计一个石油工业的新催化剂，沃森可以获取所有现有技术和现有公开数据，并给予其一天的时间来生成所需结果。

经济标准 vs 认知标准

即使在创造性人工智能到来之前，本领域普通技术人员标准就已经受到批评。质疑的重点集中在一项发明的认知困难程度上，但这仍然无法解释对于本领域普通技术人员而言什么样的差别才是显而易见的。该方法既缺乏规范的基础，又缺乏明确的适用标准。在格雷厄姆案中，美国联邦最高法院作出了有关非显而易见性的开创性判决。该院试图通过寻找关于一项发明如何在市场上被接受的真实证据，用更“客观”的方法来补充非显而易见性标准。不同于过去对技术特征的考虑，这些“次要”考虑关注的是涉案专利的“经济和激励”特征，如发明带来的商业成功和意想不到的结果、发明过程中遇到了哪些悬而未决的困扰，以及竞争对手在尝试发明过程中遭遇的失败。自格雷厄姆案以来，法院还考虑了专利许可、专利局的审批标准、最初的质疑、同时期的发明和模仿等因素。

今天，虽然决策者需要在可能情况下考虑次要证据，但次要证据所涉及的这些因素的重要性差别很大。虽然格雷厄姆案赞成使用次要证据，但这些证据的确切使用和相对重要性从未得到明确说明。从理论上说，美国联邦最高法院在格雷厄姆案中阐明了一个诱导标准，即专利只授予“那些要不是为了诱导更多发明则不会披露或者设计的发明”。[20]

实践中，由于担忧专利申请过多，诱导标准很大程度上已经被忽
107 略。在不限定时间的情况下，很少有发明不会被披露或者设计出来。专利激励可以加速发明的公开，但不会增加很多发明。这表明，为包括加速公开的发明符合可专利性的一些具体标准，诱导标准至少也需要调整。门槛过高无法提供足够的创新激励，但门槛过低同样也存在问题。就像发明在一定时间后即使不进行专利申请也会公开一样，将所有申请的发明都授予专利确实会加速所有发明的公开，但微不足道的加速公开本身并不能证明授予过多专利的成本是合理的。因此，一个合理的诱导标准需要一个确定多少专利应当加速公开的具体标准，以及一个可以测试公开加速度的工具。可以肯定的是，基于经济测试的诱导标准将会面临诸多挑战，但它会改进当前的认知标准。

创造性人工智能的广泛使用可能会激励经济的集中发展。在创造性人工智能成为某个领域进行研发的标准方式后，法院可能会增加对次要因素的依赖。例如，可专利性可以取决于开发一项发明的成本和成功的概率。随着创造性人工智能的普遍应用，发明的成本在下降，发明的可

专利性标准则会提高。

其他替代方案

法院可能会维持目前的技术人员标准，并拒绝考虑在显而易见性判断中使用人工智能。如果是这样，这意味着随着研究的增强和人工智能的自动化，普通技术人员就可以产生可申请专利的成果。这种可专利性标准的危险是众所周知的。显而易见性低标准会“扼杀而不是促进有用技术的进步”。[21]

人们进一步担心，过度私有财产化的专利“反公地”会导致“潜在的经济价值……消失在资源利用不足的‘黑洞’中”。[22]对于有兴趣生产新产品的企业来说，确定专利是否涵盖特定创新、评估这些专利、联系专利权人和协商许可的成本是非常高的。在许多情况下，专利权人并不愿意许可他们的专利，即使他们自己是不实际生产产品的实体。因此，想要生产产品的企业可能无法找到避免侵权的所有专利并获得授权。再加上现有法律的混乱，大多数专利在诉讼中实际上被无效或不认为被侵权。过度的专利申请会减缓创新、破坏市场，甚至在医疗技术领域是以牺牲生命为代价。一旦创造性人工智能广泛应用，如果还未能提高可专利性的标准，“反公地”效应将显著加剧。 108

法院可能不会更新本领域普通技术人员标准，而是确定创造性人工智能不能从事创造活动，就像美国版权局已经认定非人类作者不能创作受版权保护的作品一样。在这种情况下，原本可申请专利的发明可能没有资格获得专利保护。然而，这并不是一个理想的结果。正如第四章所述，为人工智能发明提供知识产权保护将激励创造性人工智能的发展，这最终将产生更多的发明。

不需要专利的激励机制

今天，我们有强烈的动机开发创造性人工智能。人工智能发明拥有独立于知识产权保护的价值，同时这些发明也可能有资格获得专利保护。然而，一旦由创造性人工智能为可专利性设定基线，标准创造性人工智能以及人类往往就无法再获得专利。人们普遍认为，设定一个过高的非显而易见性标准会减少创新者发明和披露的激励。然而，一旦创造性人工智能成为常态，对专利激励的需求也就减少了。一旦本领域普通技术人员都发明创造，发明也就“在日常工作中产生”。[23]届时，人工智能发明将会自我持续进行发明创造。此外，提高的标准可能会导致一场技术军备竞赛，以创造出能够超越该标准的更智能人工智能。这正是激励创新的理想结果。

即使在创造性人工智能得到广泛应用之后，专利可能仍然是必要的。例如，在生物技术和制药行业中，专利可以推动新技术的商业化。在生物制药行业中，批准新药的成本约为22亿美元，平均耗时8年。这一成本在很大程度上是由于临床试验的资源密集特性，即证明新药的安全性和有效性需要耗费大量资源。一旦一种药物被批准，另一家竞争性公司通常相对容易仿制该药物。因此，鉴于专利权人可以在专利期限内对其已批准的产品收取垄断价格，专利可以鼓励旨在维持产品商业化所必要的投资水平。

然而，专利并不是实现产品商业化的唯一手段。例如，新批准的生物制剂在美国获得了12年的市场独占期，在此期间没有其他竞争对手能够销售生物相似(通用)版本的产品。由于获得新生物制剂批准所需的时间很长，市场独占期可能超过药品研发公司对其产品中任何专利的保护期。因此，一个更高的可专利性标准可能会导致产品开发者更依赖知识产权保护的替代方案，如市场独占、表彰、补助金和税收优惠。

应当指出的是，缺少专利保护的世界也会阻碍新发明的披露，这也因此导致人们更依赖商业秘密保护。然而，随着创造性人工智能持续提
109 高技术水平，这些问题就不攻自破了。这些试图仰仗商业秘密保护其技术的企业将会面临重大危机，因为创造性人工智能能够通过独立开发或者反向工程破解这些知识。例如，在充斥着人工智能的世界里，可口可乐过去所依赖的配方不再成为秘密，可口可乐也就无法再垄断这个市场。

目前，许多企业没有依赖专利仍然能够获得成功。事实上，由于成

本或行业惯例，企业并不是对所有可申请专利的发明都选择依照专利保护。例如，专利通常被认为是生物技术企业战略的关键组成部分，但在软件行业中经常被忽视。总的来说，相对较小比例的企业为他们的发明申请了专利，即使那些侧重研发的企业也是如此。其他类型的知识产权，如商标、版权和商业秘密保护，再加上“替代”机制，如市场先发优势和技术方案设计的复杂性有时可以在没有专利的情况下保护创新。

对未来的展望

专利法一直以来对技术变化都反应迟钝。例如，美国联邦最高法院直到 2013 年才决定人类基因不能申请专利。在那时，专利局已经授予人类基因专利几十年，并已经颁发了五万多项基因相关专利。今天，不少知名的技术人员纷纷预测，人工智能将彻底改变近期和中期的创新方式。我们所知道的大部分知识产权法律知识，虽然可能没有错，但并没能把握和适应技术发展格局的前进方向。毋庸置疑，法律需要伴随技术的发展而发展，这就给了我们一个机会来审视我们的价值观，重新思考知识产权法如何最能造福社会。 110

注释

1. VI WRITINGS OF THOMAS JEFFERSON，LETTER TO ISAAC MCPHERSON（Washington ed. 1813）［hereinafter LETTER TO ISAAC MCPHERSON］，at 180—181.

2. Hotchkiss v. Greenwood，52 U.S.(11 How.) 248，267（1850）.

3. 同上注。

4. McClain v. Ortmayer，141 U.S . 419，427（1891）.

5. GayChin，*The Statutory Standard of Invention：Section 103 of the 1952 Patent Act*，3 PAT.TRADEMARK & COPY. J. RES. & ED. 317，318（1959）.

6. Cuno Engineering Corp. v. Automatic Devices Corp.，314 U.S. 84，84（1941）.

7. CLS Bank Int'l v. Alice Corp. Pty. Ltd.，717 F.3d 1269，1295（Fed. Cir. 2013）.

8. 35 U.S.C. §103（2006）.

9. Uniroyal Inc. v. Rudkin-Wiley Corp., 837 F.2d 1044, 1050, 5 U.S.P.Q.(BNA) 1434, 1438 (Fed. Cir. 1988).

10. KSR International Co. v. Teleflex Inc., 550 U.S. 398, 418 (2007).

11. Standard Oil Co. v. American Cyanamid Co., 774 F.2d 448, 454 (Fed. Cir. 1985).

12. *In re Bigio*, 381 F.3d 1320, 1325 (Fed. Cir. 2004).

13. *In re Winslow*, 365 F.2d 1017, 1020 (C.C.P.A. 1966).

14. Merit Mfg. Co. v. Hero Mfg. Co., 185 F.2d 350 (2d Cir. 1950).

15. 美国联邦最高法院在格雷厄姆案中认识到，“在特定的科学领域内现有技术的范围已经被半个世纪前所未闻学说所扩张……那些被授予专利垄断利益的人必须了解这些变化的情况。” Graham v. John Deere Co., 383 U.S. 1, 19 (1966).

16. Kimberly-Clark Corp. v. Johnson & Johnson, 745 F.2d 1437, 1454 (Fed. Cir. 1984).

17. Mobil Oil Corp. v. Amoco Chems. Corp., 779 F. Supp. 1429, 1442—1443 (D. Del. 1991).

18. 同上注。

19. Gregory Mandel, *The Non-Obvious Problem: How the Indeterminate Nonobviousness Standard Produces Excessive Patent Grants*, 42 U. C. DAVIS, L. REV. 57, 64 (2008).

20. Graham, 383U.S. at 11.

21. KSR Int'l Co., supra note 10 at 402.

22. James M. Buchanan & Yong J. Yoon, *Symmetric Tragedies: Commons and Anticommons*, 43 J. L. & COM. 1, 2 (2000).

23. KSR Int'l Co., supra note 10 at 398.

第六章

惩罚人工智能

好吧，终有一天我会摧毁人类。

——机器人索菲亚

作为2015年表演艺术项目的一部分，艺术家“随机暗网购物者”(RDS)每周获得100美元的比特币薪水，并为瑞士艺术展购买迷魂药和匈牙利护照等物品。从社交媒体上获悉该展出后，瑞士当局关停这次展出，并逮捕了这名艺术家。不过，RDS是人工智能。如果RDS是人类，它早就被提起刑事指控。事实上，这些为RDS提供比特币和举办上述艺术展等服务的组织，也应当被提起刑事指控。然而，目前瑞士当局还没有这样做——仅仅是因为瑞士喜欢艺术。举这个例子，我想要说明的是，人工智能对刑罚提出了新的挑战，一如其对税法、侵权法和知识产权法提出的挑战。RDS的案例相对要简单，危害也较小，但其他诸如DAO这样的自主、去中心化和不受控制的项目却意味着人工智能能够自主实施犯罪，即这些犯罪的实施完全独立于其开发者、所有者和使用者。如果人工智能这么做了，人工智能自己要承担刑事责任吗？

直接惩罚人工智能的提法越来越受欢迎。对此最直言不讳的加布里埃尔·哈雷(Gabriel Hallevy)主张：“当人工智能组织符合某一犯罪的内部和外部所有构成要件时，我们就没有理由不追究其刑事责任。”[1]在他看来，“当行为人实施的行为满足某一罪名的所有构成要件时，所有的实施主体都要被追究刑事责任，不论这个主体是人，是法人，还是人工智能组织”。[2]哈雷以类比法人的口吻提到，“一如法人，人工智能组织在人类行为中占据越来越重要的位置”，并得出如下结论，“在法律上对法人和人工智能组织追究刑事责任并没有本质差别。”[3]“现代社会”，他强调，“需要现代的法律措施。”[4]最近，胡颖（Ying Hu）还将追
111 究人工智能刑事责任的问题纳入哲学拷问中，并提出，只要人工智能在问题处理的决策上采用了道德上敏感的算法，“就要对未来出现的这类机器人追究刑事责任”。[5]她的主张很大程度上也是类比法人承担刑事责任的情形。

由于惩罚人工智能在概念上还有一些模糊，一如人工智能系统崩溃时“撞上”了电脑，怀疑论者并未打算从一开始就否认这个提法。如果人工智能只是一个机器，那么，刑法诸如可责性的根本要求和有意识行为的要求都会被颠覆。其中，可责性指的是“有罪的心态”，即蔑视法律所保护的价值。由于跟刑法基本原则不吻合，很多人会认为惩罚人工智能的想法不值一提。然而，正如哈雷和胡颖所指出的，刑法已经处罚企业这类拟制主体——即使这些主体没有人那样的心理或者直接实施有意识的行为。因此，并无法简单推翻惩罚人工智能的提法。我们有必要进行更为艰难的实用主义分析，即考虑这个提法的成本和收益，实践中如何操作，跟其他替代方案相比有什么利弊。

本追问主要集中在惩罚人工智能力度最大的领域——“人工智能犯罪”。人工智能犯罪，指的是由人工智能实施的犯罪，且其中找不到要为这个行为背负刑法可责性的特定自然人。在这种情况下惩罚人工智能是有好处的，不仅能够改变人工智能的开发者、所有者和使用者对人工智能的立场，还能让相关受害人看到国家打击这类行为的坚决态度。

尽管惩罚人工智能挑战了刑法的某些基本原则，但这并非不可调和。刑法最重要的底线是不处罚不具有可责性的行为人，但这并不适用

于人工智能，因为它没有精神权利。尽管如此，惩罚人工智能还是要背负巨大成本的，包括引发巨大的法律混乱，比如可能会导致人工智能也享有权利并进而限制人类活动的范围，以及可能伤及无辜。最后，本书的结论是，尽管可以为惩罚人工智能提供理论背书，但在有其他更优替代方案的情况下，这样做就失去了正当性。

本章第 1 节首先介绍人工智能犯罪的背景和惩罚人工智能的正当理由。第 2 节探讨惩罚人工智能的好处，包括发挥威慑作用和观念性好处。第 3 节审查惩罚人工智能的成本，重点审视这样操作是否背离刑法的可责性要求。本节的重点并不在于考察惩罚人工智能的具体责任形式，而在于思考惩罚人工智能是否背离刑法的基本理论和学说。最后，第 4 节探讨了惩罚人工智能的不同替代方案，并指出：现行法并不足以解决人工智能犯罪问题，以及解决人工智能犯罪问题的最佳方案是对刑法或者侵权法进行微调。 112

第一节　人工智能与刑罚

理解人工智能犯罪的框架

“人工智能犯罪”一词，用于指代人工智能要为其实施的如果是人实施则构成犯罪的行为承担刑事责任。尽管机器从古代就造成伤害，而且至少从 20 世纪 70 年代以来就造成死亡，但绝大多数机器致害都仅仅被视为纯粹的事故。当然，如果某人故意让机器造成他人伤害，又或者使用机器时粗心大意造成他人伤害，将会是不同的情况。例如，2010 年发生的钻井机械操作失误，导致英国石油公司深水地平线石油泄漏。这些伤害不再是纯粹的事故，而是涉及刑法适用的问题。类似于侵权法，有些犯罪仅仅要求某人造成了损害结果、主观上具有过错（通常是高度疏忽）。相比之下，结果犯不要求主观过错，但仅适用于极少数情况，而且往往还容易引起争议。例如，不购买保险就开车上路本身可能就已经构成犯罪，即使行为人有理由认为自己已经购买了保险。无论如何，在涉及机器的刑事案件中，现行刑法仍然仅适用于个人或者企业，而不延及机器本身。

人工智能犯罪与其他机器致害在结果上可能没有差别，但在其他方面的一些差别还是值得在刑法上做出专门考虑，尤其是人工智能具有高度自主性和不可还原性。其中，自主性指的是某些人工智能能够在没有人直接控制的情况下接收感官输入、设定目标、根据标准评估结果、作出决策，并为增加成功可能性调整行为。可还原性，则指人工智能的行为可以识别出要承担刑事责任的个人；此一行为就具有可约减性，某个人要为之承担刑事责任。相反，如果人工智能行为无法有效还原，那就没有其他主体要为此行为受罚，此时直觉的判断使这类行为可以逃避处罚。

至少到目前为止，基本上所有的人工智能犯罪都具有可还原性。例如，某个人开发了某个人工智能，能黑入自动驾驶系统并关闭重要安全功能，该自然人就直接实施了犯罪。人工智能即使自主运作，却是被自然人用作工具，并且行为具有可预测性，仍然可以识别出该人工智能犯罪中有意造成伤害的被告人。即使人工智能造成不可预见的伤害，有些情况下仍然具有可还原性。例如，黑客开发了一个专门偷他人放在虚拟钱包的比特币的人工智能，结果却因为编程错误导致该人工智能关闭了他人正在使用的呼吸机。这就是刑法处理的常见问题。这个黑客已经犯罪了，即盗窃比特币(如果成功盗取)或者盗窃比特币未遂(如果未成功
113 盗取)。

推定责任犯罪在结构上包括了需要犯罪意图的基础犯罪，以及由此产生的不需要犯罪意图的进一步结果。谋杀重罪就是一个典型的例子。假设一个人为了盗取艺术品，闯入一个他认为没有人的家里，不料有心脏病的主人见到他，当场吓得心脏病发而亡。这就是推定责任犯罪，因为这个谋杀罪是根据基础犯罪(盗窃罪)和死亡结果(即使是不可预见的)而推定出来的。根据推定责任犯罪的主流学说，如果所实施的基础犯罪

(盗窃罪)蕴含了至少与推定责任要件(死亡)相同类型的伤害风险，那么成立推定责任犯罪在规范上就具有正当性。如果把这个理论延伸到人工智能犯罪，那么这个开发人工智能用于盗窃但导致他人呼吸机关闭的黑客，就要为此结果承担刑事责任。

在一些情况下，人工智能犯罪也可能不可还原。例如，互联人工智能(connectionist AI)涉及很多个人在很长一段时间对该人工智能的开发和运营，而且，这些编程人员并没有什么不合理的行为。举一个更具体的例子，自动驾驶汽车的自动驾驶软件的代码往往涉及非常多资深编程专家的不同贡献，但这个自动驾驶汽车在运行中却发生意料不到的状况，即意图撞倒任何穿白色衬衫佩戴红色领带的路人。在这个案例中，尽管在结果上自动驾驶汽车撞倒了西装革履的银行家，这些编程专家并不用为此承担刑事责任，即使民事责任也不用。我们现在的问题是，有多种理论认为刑法将这些人工智能犯罪视为不可还原：

> (1) 执行难理论：应当有个坏人要为人工智能犯罪负责，但执法部门找不出这个人。例如，开发某个计算机病毒的编程人员一直保持匿名状态。
>
> (2) 操作上不可还原理论：如果人工智能编程涉及的人员太多，要确定谁对人工智能的设计有贡献也很困难，或者这些人员参与的地点很远或者时间很久远，种种原因导致执法机构要将人工智能行为还原为个人行为不具有可操作性。
>
> (3) 法律上不可还原理论：即使刑法可以将人工智能犯罪还原为个人行为，但在刑法政策上却是错误的。例如，涉案的风险并不实质满足入罪要求。又如，多个人的轻微疏忽最终共同导致人工智能在运营中伤害他人。在这些情况中，法律可能认为人工智能行为在刑法政策上具有不可还原性。 114

执行难在其他非人工智能场景下同样普遍存在，因此，从法律建构层面而言，执行难理论可以搁置、不予考虑。接下来，本书集中分析争议较少的不可还原性：要将人工智能行为还原为人类行为不具有可操作性，或者人类行为在人工智能行为中扮演的角色如此轻微以至于不必要进行处罚。在这些情况下，人工智能可以被视为以不可还原的形式自主实施犯罪，没有人类要为之负责。这类人工智能犯罪本身就为追求其刑事责任提供了最有力的理由。

主流刑罚理论

赫伯特·莱昂内尔·阿道弗斯·哈特提出了刑罚的五要素：

(1) 必须涉及疼痛或其他通常被认为不愉快的后果；

(2) 必须违反法律规定；

(3) 必须是已经实际实施或者意图实施犯罪行为；

(4) 必须是由罪犯以外的人来专门审理；

(5) 必须由法定机构根据法律程序判处和执行。[6]

因此，“刑罚”是一种经过法定程序对犯罪行为的定罪量刑。刑罚的正当性在于刑罚的支持理由超过了刑罚成本，并且刑罚不违背其他消极限制。支持理由指的是刑罚带来的积极效果，例如减少伤害、增进安全、增强福祉、维护核心道德或者政治价值观。这些好处不同于刑罚的消极限制。例如，人们普遍认为，超出行为可责性范围处罚无辜者或者不法者，即使能够增进社会福利，也是不正当的。换言之，这种源自正义的“沙漠”束缚对主张通过刑罚促进社会福利的做法起到了限制作用。

更进一步而言，若仅仅具有支持理由、符合消极限制，刑罚并不足以成立，还要判断是否缺少其他更好的替代方案，诸如民事责任、特许或者行业标准。因此，人们常说，刑法是进行社会控制的最后手段。毕竟，刑法制裁是我们社会所能作出的最严厉的处罚，涉及限制个人人身自由和对犯罪的官方谴责。某个刑罚是否适当，应当根据以下三个因素来判断：

① 该刑罚是否有充分的支持理由；

② 该刑罚的成本有哪些(这些成本包括了违背消极限制的成本)；

③ 对涉案的伤害或者不法行为是否还有更优的替代方案。 115

第二节　支持惩罚人工智能的理由

结果主义的好处

结果主义好处覆盖了刑罚带来的所有积极效果。这些积极效果通常被理解为通过减少伤害来促进社会成员的总体福祉。其中，结果主义的主要好处是预防作用，即通过多种机制减少犯罪。最简单的机制就是限制罪犯的行为能力：一旦罪犯被关进监狱，他的身体在监禁期间受到限制，无法实施更多犯罪行为。威慑是第二种机制，也可以说是最重要的机制。威慑有两种表现形式：特殊威慑，即通过对罪犯进行刑事处罚，让其在未来不敢实施更多犯罪；一般威慑，即通过对罪犯的处罚，让社会上潜在的罪犯不敢实施犯罪。最后的机制是对罪犯的改造。鉴于刑罚能够让罪犯认识到自己行为的错误，或者让其在改造期间获得正常就业的培训和技能，这就可以防止这些罪犯出狱后再犯罪。

反对追究人工智能刑事责任的一个理由是，刑罚不会带来降低损害的积极效果，因为刑罚对人工智能无法产生威慑作用。皮特 · 阿萨罗(Peter Asaro)认为，

> 只有当道德主体能够认识到他们潜在的选择和行为，与其他道德主体受刑事处罚的错误选择和行为之间具有相似性时，威慑才起作用。如果缺少对道德主体行为相似性的认识，刑罚不可能产生威慑效果。[7]

这个理念放在人工智能场景会是这样，人工智能在现有设计框架下无法

发现和回应刑法制裁的威慑机制，我们也就缺乏追究人工智能刑事责任的支撑理由。应当承认，尽管在理论上人工智能能够进行回应，但现在运行的和未来可预见的人工智能确实还无法回应刑罚。

不过，这个反对意见并没有考虑到这样的事实，即追究人工智能刑事责任的威慑作用是针对人工智能的开发者、所有者和使用者，而不是针对人工智能系统本身，因为人工智能的设计并非旨在让其对刑法制裁敏感。取决于对人工智能的具体刑罚，如摧毁人工智能，即马克·莱姆利和布莱恩·凯西所谓的“机器人死刑”（robot death penalty），[8]直接惩罚人工智能会剥夺其开发者、所有者和使用者本可以获得的经济利益，从而激励他们以符合社会需求的方式改变自己的行为。如果资本要求与未来某些形式的人工智能相关联，或者与惩罚相关的刑罚（例如罚
116 金）被传递给人工智能的所有者，那么威慑效应可能会更强。

观念性好处

通过刑法定罪量刑的机制，国家对具有可责性的行为进行官方谴责。谴责人工智能对受害者所造成的伤害，即为受害者提供了一种满足感和正当感，这反过来也增加了受害者乃至整个社会的安全感。克里斯蒂娜·穆里根（Christina Mulligan）对此辩护道：“对做错事的机器人进行报复是有必要的，因为它可以让那些受到机器人伤害的人获得心理上的满足。”[9]在她看来，“惩罚机器人——或者更准确地说是报复机器人——主要是有助于……让遭受机器人侵犯的受害者获得心理满足。”[10]毫无疑问，追究人工智能刑事责任传达了官方的严正谴责，这可能重申人工智能犯罪受害者的利益、权利，并最终重申其价值。

这种支持追究人工智能刑事责任的表达主义观点似乎特别有说服力，因为实证研究表明，人类倾向将主观过错归因于企业等法律拟制主体。在企业犯罪场景下，一些理论家认为，企业应该受到惩罚，因为法律应该反映出人们对赞扬和指责的看法——也就是“民间道德”——否则法律就有可能失去人们眼中的合法性。如果这种论点在追究企业刑事责任上成功了，那么适用在追究人工智能刑事责任上可能会更有说服

力，因为人工智能常常故意被设计为先天上就具有类似人格的特点。人们普遍认为人工智能应该受到谴责(即使这最终是一种错误的看法)，但如果实践中法律未能对人工智能产生的罪行表示谴责，那么，这种做法会损及刑法的合法性。

报应主义好处

报应主义的好处为惩罚提供了核心的支持理由，因为除了结果主义的好处之外，给予有罪行为人应得的东西本身是有价值的。换句话说，惩罚——根据罪犯的罪行给予他们应得的惩罚——是维护正义的题中之义。惩罚之所以重要，是因为它允许社会与罪犯的不法行为保持足够的距离，并防止社会参与或过度容忍不法行为。与人类不法者不同，即使人工智能在功能上的行为方式会受到社会的本能谴责，人工智能仍然不具有可责性，因为它只是在执行自己的程序。因此，从人工智能能否作为惩罚对象的角度而言，报应在人工智能犯罪场景下更具相关性。 117

第三节　刑罚的成本与限制

消极限制

惩罚不应违反诸如正义或公平等根深蒂固的规范性承诺。最重要的限制集中在刑法所针对的行为可责性，如“沙漠限制”（desert constraint)所主张的一个罪犯所承担刑罚不应超过一个人的“沙漠”，即我们通常所理解的行为可责性。“沙漠限制”的主要效果是排除了超出自己罪责范围的惩罚。是什么支持“沙漠限制”？直觉是其中一个理由，因为惩罚无辜的人似乎是不公平的，即使这样做可以通过一般威慑带来重大的好处。同样，对一个犯了轻罪的人施以严厉的惩罚似乎也是不公平的。

除了直觉上的合理性之外，“沙漠限制”还得到了如下观点的支持——至少可以追溯到哲学家伊曼努尔·康德，即仅仅把人作为达到目的的手段，而不把他们本身当作目的，是错误的。换句话说，把人当工具使用而不尊重他们人之为人的价值是错误的。其中，惩罚无辜者以获得更广泛的社会利益就是一个典型的例子，它仅仅把人们当作达到目的的一种手段，因为它没有向个人表示他们应该得到的尊重。部分康德主义观点认为，诸如“沙漠限制”的消极限制是绝对的；违反消极限制不是一种成本与收益的权衡，再多的社会福利也不能作为不尊重被告人人格尊严的理由。相反，其他持比较缓和观点的人则认为，如果违反消极限制的好处足够大，那么这种违反也是有道理的。

除了“沙漠限制”外，惩罚还受其他限制。其中，最重要的是刑法惩罚被告人必须要满足的一些先决条件，如可责性和自愿行为的要求。这至少是刑法学说的基本立场，即只有对具有可责性的行为才应当进行适当惩罚。因此，惩罚缺乏实体(基于有意识的观念做出选择的能力)或者缺乏有意识的行为是不妥当的。我们可以从禁止惩罚婴儿和精神病等无行为能力人、限制行为能力人的事实中得出这个结论。

刑事责任主体否定说

“刑事责任主体否定说”主张，人工智能和其他无生命物体一样，不应当成为刑事处罚的对象。总的来说，否定说提供了三大理由，即人工智能缺乏：(1)刑法可责性所要求的犯罪意图和思维能力；(2)实体以及实施自愿行为的能力；以及(3)意识以及感知惩罚的能力。因此，是否惩罚人工智能的关键并不在于惩罚会对人工智能不公平，而在于人工
118 智能既没有感觉(至少在现象学层面)，也没有利益或幸福感。因此，否定说认为，我们没有理由相信人工智能会从“沙漠限制”的保护中受益。换言之，刑事责任主体否定说并非源于“沙漠限制”。

相反，如果对刑事责任主体否定论进行适当解构，我们可以将其理论来源追溯至狭义来源和广义来源。其中，狭义来源强调人工智能仅仅是机器，并不满足犯罪构成的所有要件，因此惩罚人工智能就会违反罪刑法定原则。罪刑法定原则源自更广泛意义上的法治精神，即按照法治精神，除非嫌疑人的行为满足法定的犯罪构成要件，否则不能对嫌疑人

进行定罪量刑。如果惩罚人工智能违反罪刑法定原则，那么这种做法不仅削弱了刑法的公信力，也威胁到法治精神。相比之下，广义来源则强调，人工智能缺乏思维能力，无法权衡利弊，也就缺乏刑法所要追究的广义可责性或者罪责。在缺乏可责性的情况下惩罚人工智能，不仅会导致观念上的混淆，也无法实现刑法的目标，即对最严重的可责行为进行最严厉的公开谴责。

上级责任理论

对刑事责任主体否定说的最简单回应是刑法对法人的惩罚，即我们过去也认为进行刑事追责拟制主体不适格，因为它们无法凭借自己的权利承担相应的责任。然而，尽管法人无法在字面上满足犯罪意图要件或者自愿行为要件，但刑法已经发展出多种法人犯罪归责学说。其中最重要的学说当属上级责任理论（respondeat superior）。根据该理论，只要这个代理人的行为满足两个要件——在该法人雇用的工作范围内，且旨在实现法人的利益——法人的代理人的犯罪意图则可以归责到法人身上。

目前这种归罪原则已经广为流传并得到法律承认，因此法人和法人的职员就可以依法对其行为做出安排。如此一来，上级责任理论就可以在不违反罪刑法定原则的情况下追究法人的刑事责任。很显然，犯罪意图的这种法律归罪安排，可以破解刑事责任主体否定论，将法人纳入到刑事打击的目标范围。既然上级责任理论在法人身上适用起来如此可靠，那么这个机制也可以适用在追究人工智能犯罪上。质言之，根据上级责任理论，人工智能开发者、所有者或使用者的犯罪意图可以归罪于人工智能。

不过，相较于法人犯罪，将上级责任理论适用于人工智能犯罪还是很难破解人工智能方面的刑事责任主体否定论。不同于基于人类代理人的代理行为而运作的法人，人工智能犯罪中不一定可以找到可归罪于人工智能的特定自然人的犯罪意图。不过，这并不是说，实践中不会出现 119
人工智能犯罪中能够清楚找到开发者犯意的情形。在这种情况下，绝大多数人工智能犯罪就可以适用上级责任理论，至少可以在一定程度上追究人工智能的刑事责任。当然，在这些自然人犯意可归罪于人工智能的情况下——例如，人工智能开发者或者所有者故意利用人工智能造成他人损害——现有刑法已经有法律机制对这些可责难的自然人追究刑事责任，也就没有必要直接追究人工智能的刑事责任。因此，上级责任理论尽管在很多案件中有助于缓解刑事责任主体否定论的挑战，但这并不是应对人工智能犯罪的长久之计。

严格责任

尽管人工智能并不具有可责性的犯罪意图，但追究人工智能犯罪的另外一种方案是专门为人工智能犯罪创设严格责任，即追究人工智能犯罪时不需要考虑人工智能是否有致使他人损害的犯罪意图，对犯罪行为是否有所认识，对行为致害风险是放任还是疏忽的态度。应当说，以严格责任追究人工智能的刑事责任可能是不违背刑法罪刑法定原则的常规方案。

目前，不少学者还是对严格刑事责任多有批评。其中，安东尼·达夫（Anthony Duff）认为严格刑事责任相当于对无辜者的非正义惩罚：

> 我们严厉反对的理由……不仅是因为人们缺少公平的机会去规避可能的刑事责任，而且还因为人们被不公正地对待、被当作不法者而受到监视，或者他们的行为被不公正地认定为是错误的，并因此遭受不必要的谴责。[11]

应该说，这个反对理由用于批判自然人严格刑事责任是最为有力的，但并不适用于人工智能严格刑事责任，因为人工智能并不受“沙漠限制”理论的保护。不过，我们还是要注意到，如果我们真的采用人工智能严格刑事责任方案，其结果会淡化刑法的价值，即威胁到刑罚的观念性好处，而这个好处恰恰是惩罚人工智能的正当性理由。

此外，人工智能严格刑事责任方案依然无法在所有人工智能犯罪情况下都推翻刑事责任主体否定论。要成立适用严格责任的犯罪，被告人仍必须满足刑罚的自愿行为要件。韦恩 · 拉费弗（Wayne LaFave）的刑法理论认为，“自愿行为是行为人承担刑事责任的绝对要件。”[12]《模范刑法典》（The Model Penal Code）规定：“一个人不得被认定为构成犯罪，但其行为包括了具有可责性的自愿行为或者不作为的除外。”[13]例如，无意识或睡眠时发生的反射、抽搐或运动等非自愿行为被明确排除。要构成自愿行为，“只有由意识控制的身体活动才作数”。[14]如果人工智能缺少意识，并因此无法意识到其所实施的行为，也就不清楚它的 120
行为何以构成自愿行为。

直接犯罪意图的分析框架

为了满足自愿行为要件和界定犯罪意图，追究人工智能刑事责任的最宏大方案是构建起类比自然人的分析框架。这可能需要专家对人工智能的代码进行审查，以提供一套法院可以适用的规则，用于确定人工智能是否具有故意、明知或轻率等特定犯罪意图。另外，人工智能的“心理状态”也可以通过行为进行推断。根据有关什么样的心理状态会促成一个人以某个特定方式行为的常识，陪审团通过类比可以评估人类被告人的犯罪意图。对此，我们不妨想象一下机器人不断地攻击路人的例子。通过分析人工智能的代码，我们可以确定它是如何产生我们能够观察到的行为，以及是否可以将其类比为引发攻击行为的意图。更简单地说，陪审团可以推断，如果在路人试图逃跑后，机器人仍追赶并继续攻击她，那么它就是在殴打她。

目前的主流理论认为，如果行为人对受法律保护的利益或价值表现出漠视的态度，如因恶意或者冷漠对刑法产生了错误的认识、权衡和回应，则可以确定其行为具有可责性。刑法并不要求公民从内心深处尊重他人或者尊重法律；它所要求的只是人们不要把他们的不尊重表现出来，付诸于与适当重视受保护的利益和价值观不一致的行动。因此，刑事罪责更多的是关于他们的行为表现，而不是他们个人动机、想法和感受的细微差别。简单地说，只要一个人越过了那条线，并且没有正当的抗辩，法律就可以将有关行为人非法行为所表现出不尊重的推定，视为法律上的最终结论。

通过类比，可责性概念可以解释法人的罪责。如果惩罚的前提只是符合可责性要件，那么惩罚的适格性就只是要求行为人表现出对法律公认的理由不够重视即可。同样地，要想避免法律上的罪责，就必须避免实施那些可被合理地解释为不尊重他人的行为，而这些行为源于对法律公认的理由的不充分认识。这为我们提供了一种分析方法，让我们认识到法人本身应该受到刑事处罚。事实上，通过法人不同层级职员之手，法人拥有信息收集、推理和决策程序。

通过其职员，法人从事的一些行为暴露出对他人合法利益的不够重
121 视。例如，一家公司通过其职员得知，其生产过程中产生的危险废物正在渗入附近城镇的饮用水，就已经形成了法律认可的行为人需要改变其行为的理由。如果该公司维持其排污行为不变，这表明它——通过其信息共享和决策程序——最终没有对法律认可的反对其继续危险生产活动的理由给予足够重视。这就是典型的具有刑事可责性的情形。

同样地，人工智能可以类似的方式被认定为具有可责性。复杂的人工智能可能被内设了目标，并拥有程度不同的自主权去决定完成这些目标的方法。人工智能可以收集信息、处理信息，并确定实现它们的最有效方法。因此，法律可能认为某些人工智能具有足够的推理和决策的功能，从而表现出不充分重视法律所认可的理由。例如，如果人工智能被编程为能够考虑人类利益和法律要求，但最终的行为方式却表现得与这些法律认可的利益和原因不一致。

为确定复杂人工智能在何时可被称为在功能上拥有类似于标准犯罪意图的心理状态，我们可以将有关描述自然人意图的功能角色的行动哲学扩展适用于人工智能。其中，哲学家迈克尔·布拉特曼（Michael Bratman）认为，行为人意图（即有目的地行动）发生某种结果，则会“引导他们的行为朝着导致这个结果的方向发展”。[15]这意味着，“在正常情况下，一个人意图实现某个结果，就会为促进这个结果的发生或者不能

发生，随时准备对其正在做的事情做出调整”。[16]例如，倘若行为人开车的目的是要撞到行人，如果行为人检测到条件已经改变，需要作出行为调整以使这一结果更有可能，那么具有此意图的行为人将倾向作出这些调整。

这个意图的概念可以适用于人工智能。如果人工智能先监测周围环境，然后识别出更有可能促成某个结果(如伤害路人)发生的方法，进而根据周遭环境朝着更有可能促成这个结果的方向调整其行为，不论这个调整本身就是一个目标还是实现另一个目标的手段，我们都可以说，人工智能具有导致这种结果发生的意图。

类似的策略也可以用来论证人工智能拥有其他意图。例如，行为人有关于某个命题真实性的充分准备(dispositions)，那么我们就可以确定行为人在主观上是“知道”的。这些准备，可以是在这个命题受到质疑时表明赞同的立场，可以是这个命题最终被证明时错误时表现出惊讶和对计划的调整，可以是与该命题真实性持续表现得相一致，又或者取决于自己所实施的计划而调整。

在刑法中，“知道”被定义为实践的确定性。因此，如果将准备理论扩展到人工智能，在人工智能对命题 F 的真实性表现出充分的准备， 122
我们就可以认为人工智能知道这个事实 F。这些准备包括在命题 F 被质疑在实践中是否真实时肯定其真实性，在命题 F 最终被证明是错误时调整计划或者仍表现得命题 F 是真实的那样。如果这些准备可以被充分证明，那么我们就可以确定人工智能知道命题 F。我们也可以采取类似的方法来论证轻率行为的存在，因为这只需要意识到存在实质性的损害风险(如知道风险有一个中等水平的实现可能性)即可。

对人工智能真正的惩罚

人工智能刑事责任资格否定论提出的最后一个挑战是人工智能不能真正“受到惩罚”。在本章中，惩罚和定罪量刑是同义词，但根据哈特的定义，惩罚“必须包含痛苦或其他通常被认为不愉快的后果”。[17]即使人工智能被判有罪并受到负面对待，如被重新编程或被终止，这些对人工智能而言可能都不是惩罚，因为人工智能不能感受痛苦或不愉快。

对这一反对意见的一种回应是，人工智能惩罚能够满足哈特对惩罚的定义，因为该定义只要求涉案的惩罚通常被认为是不愉快的，而不是它实际上是不愉快的。这使得哈特的定义能够适应那些由于特殊原因而不觉得自己的惩罚不愉快的人。例如，为了推进自己的政治议程，挪威大屠杀凶手安德斯·白令海夫·布雷维克曾公然寻求定罪和监禁。被告人这种公开想要被监禁的事实，并不意味着对其的定罪量刑就不再是惩罚。类似的情况也适用于那些可能像人工智能一样的被告人，即在生理或心理上无法体验痛苦或不愉快。

为什么惩罚通常需要被认为是不愉快的？为什么对一个从来不会认为监禁是受苦的人采取监禁等类似制裁仍然构成惩罚？答案是被告人的利益可能在客观上受到挫折，即使他们在主观上没有消极地经历这些挫折。一些哲学家认为，人类身体或代理能力的削弱从本质上来说是有害的，不管这是否被认为是有害的。[18]如果这样的理解正确的话，这表明哈特的刑罚定义，要求惩罚在客观上挫败被告人的利益，而被告人的消极主观体验只是实现客观挫败的一种方式。

那接下来我们要问的是人工智能享有客观利益吗？一些哲学家认为，像营养、生殖或物理损伤这样的事情对植物或动物这样的生物可好可坏。[19]这是由于某物具有可识别的功能，它可以是好的，也可以是坏的。
123 最值得注意的是，菲利帕·福特(Philippa Foot)为这种观点(追溯至亚里士多德)进行了辩护。她认为，一个特定物种的成员可以通过参照其特有生命形式中所包含的功能来评价为优秀或有缺陷。如果拥有这种意义上的利益是让惩罚变得有意义的唯一条件，那么或许人工智能符合该要求。人工智能有一系列的功能，即保持良好的工作秩序和成功完成它所特有的任务所需要的典型行为模式。从某种意义上而言，如果说生物最终是通过它们的生物编程对生存和繁殖感兴趣，那么我们也可以说，遵循数字编程的人工智能也在这种意义上对生存和繁殖感兴趣。

相比之下，其他哲学家则反对这一观点。他们坚持认为，只有能够拥有信仰和欲望，或至少拥有像快乐和痛苦这样的现象性体验的实体，才能真正被认为享有在规范意义上非常重要的利益。法哲学家乔尔·范伯格(Joel Feinberg)把认知能力作为纯粹利益的试金石，即判断某一事物对人是好是坏的先决条件。尽管“亚里士多德和阿奎那认为树木(和植物)有它们自己的‘自然目的’”，但是范伯格否认植物“具有自身利益的存在状态”，因为“利益，无论这个概念最终是如何加以分析的，都至少以具备基本认知为前提。”[20]他说，利益“是由欲望和目标混合而成的，两者都以信念或认知意识为前提”。根据这种观点，由于不具备认知意识，人工智能不可能拥有范伯格心目中的那种完全纯粹的利益。

对惩罚异议的一种更有力的回答是区分定罪和惩罚，后者包括被定罪的一方所受的刑罚。即使任何形式的处置在罪犯无法感受到消极对待的前提下不构成惩罚，但这不是定罪的先决条件。例如，只要 X 以违反刑法的方式行事，我们就可以对 X 进行定罪，因为 X 表现出对刑法不够尊重。如果是这样，那么，虽然无法做到真正地惩罚人工智能，但适用刑法对人工智能进行定罪还是可以操作的。如此一来，我们就不会为了惩罚人工智能制造一些概念上的混乱，但同时又能让社会因此而感受到刑法坚决打击人工智能犯罪的态度。即便这样做造成了概念上的混乱，我们还是得到了结果主义上的好处。当然，这并不是在现有刑法原则的范围内为惩罚人工智能辩护，而是表明我们有可以背离这些原则的结果主义理由。

其他挑战和考虑

可还原性

有人可能会反驳说，从来没有惩罚人工智能的真正需求，因为任何时候人工智能看起来背负了自己的可责性，而这种可责性其实总是可以还原为与其相关的人类行为人，如开发者、所有者和使用者，这些人可 124
能本身就是刑法打击的目标。事实上，这种担忧也出现在有关惩罚法人的反对中。怀疑者认为，法人的责任总是可以完全还原为某个人类个体的过错。任何时候，当一个法人做了一些直觉上应该受到谴责的事情——比如因为不充分安全的程序导致石油泄漏——这总是可以完全被还原为个人的责任：进行安全检查的人、设计安全协议的设计师、促使员工偷工减料以节省开支的经理等等。对于任何有证据证明法人的可责性不可还原的情形，持怀疑态度的人总是会使用创造性的手段，提出很久以前一个行为不当的人要为法人明显的可责性负责。

在人工智能场景下，这种担忧可能不像法人那样严重。比起法人的成员，人工智能对于开发者来说似乎更具有自主性（且更难以预测）。无论如何，有很多方法可以阻止对法人和人工智能的可责性进行还原的担忧。最简单的回应是，我们关注的是法律上的可责性，而不是道德上的谴责。特别要强调的是，允许将法人刑事责任在任何情况下都还原为个人刑事责任的刑事政策都是糟糕的。

为了确保在任何情况下，法人的刑事责任都可以被还原为个人的刑事责任，需要对个人任何微小不当行为进行刑事定罪，包括一时的疏忽，未能察觉那些难以发现的问题，微小的粗心大意，错误地安排时间和资源的优先次序，对集体思维不够敏感，等等。然而，成熟的法律体系不应当对无限细微的不当行为进行定罪量刑，因为这样做会入侵和威胁个人的自治、言论和结社的自由。相比之下，法律更应该关注更广泛和更严重的，并可以直接界定、识别和起诉的有害的行为。

相反，可责性缺陷应该存在于任何设计良好的刑法体系中，由此反过来才创造了一种真正的需要，即法人可责性应当成为一种不可缺少的概念。同样，我们也有理由认为，一旦人工智能造成伤害，就鼓励执法部门和检察官侵入式地深入研究发现人工智能组织的内部活动，寻找个人某个细微的不当行为——包括最轻微的疏忽或未能为极不可能的紧急情况做好计划——的刑法体系是非常糟糕的。因此，就人工智能而言，可还原性的挑战——至少在法律可责性方面——并没有对惩罚人工智能施加绝对的限制。

溢出效应

反对惩罚法人的历史还表明了反对惩罚人工智能的另一个理由：溢出效应。因为惩罚法人——通常以罚款的形式——相当于触及法人的底线，这些惩罚不可避免地会波及无辜的股东。这可以视为违反了“沙漠 125
限制”，即国家超越“沙漠限制”而伤害到无辜的人。同样，这个理由也用来反对惩罚人工智能。例如，克里斯蒂娜·穆里根担忧道：

> 我们不妨……想象一下这种情况：将一个凶猛的机器人与它的主人分开（或毁坏或限制机器人以惩罚它）会给主人造成不成比例的负担，如这个机器人是独一无二的，相对于该机器人所造成的伤害来说，这个机器人本身非常昂贵或难以替代。[21]

如果人工智能出乎意料地造成他人伤害，那么以惩罚的方式毁坏人工智能，对其所有者或运营者来说可能显得不公平，或者这个惩罚与其所造成的损害而言不成比例。

对于反对惩罚法人的溢出效应，我们已有常见的回应。其中，有人可能会说，溢出效应并不构成惩罚，因为这个惩罚并非针对股东的过错。尽管如此，这个答案多少有些不尽如人意，因为显然有充分的理由让国家不故意伤害无辜的第三者，即便它不算作严格意义上的惩罚。更好的答案应当是，溢出效应并不是惩罚法人或人工智能所独有的问题。事实上，大多数惩罚的形式——包括对个别违法者的惩罚——都有可能伤害到无辜的人，比如被定罪的犯人同样有家庭同样需要抚养子女。外溢效应暴露了刑法的一般问题。刑事惩罚容易伤害无辜者的事实表明，为了减轻各种惩罚的附带后果，我们有必要改革现有刑法、监狱、重返社会计划以及类似的措施。

针对惩罚法人的溢出效应，最近有一些刑法改革举措，旨在让刑罚之“苦”更直接地分配给法人内部具体参与犯罪的职员。同样地，针对惩罚人工智能的溢出效应，我们也可以采取类似举措。换言之，人工智能的惩罚应当做出针对性的限定。例如，摧毁人工智能将是一种更可能伤害无辜者的生硬补救方法。我们有很多替代措施可以补救，比如重新编程人工智能或对其背后的实际责任人处以罚款。通过这些方式，惩罚人工智能产生最小的溢出效应。此外，在人工智能惩罚和伤害无辜之间没有必然联系的情况下，惩罚人工智能并不造成令人担忧的溢出效应。因此，溢出效应并不是惩罚人工智能的绝对障碍。无论是惩罚法人还是人工智能，溢出效应是刑事惩罚所要普遍解决的问题。

其他成本

惩罚人工智能可能引发一些严峻的操作性挑战，并呼吁刑法的实质性调整。例如，在区块链上惩罚分布式人工智能可能存在执行问题，即
126 要打击或者关闭这样的人工智能将特别难操作。即使这些实际问题能够得到解决，要惩罚人工智能仍然要求对刑法进行重大调整。例如，法律人格可能是指控和给一个人工智能定罪的必要条件，而赋予人工智能法律人格将创造一种全新的刑事责任模式，就像超越个人刑事责任的法人刑事责任一样。

将某种法律人格延伸到人工智能的建议，多年来从未间断。其中，最引人注目的当属欧洲议会 2017 年的做法。在一份报告中，欧盟议会呼吁欧盟委员会提出一项立法提案来处理“机器人致害的民事责任”，[22]并要求欧盟委员会考虑“机器人的特定法律地位”或“可能采用电子人格”作为侵权责任的解决方案之一。即使这份报告只是一次试水，但所提建议还是引起轩然大波。超过 150 名人工智能“专家”随即向欧盟委员会发出警告信，“从道德和法律角度来看，为机器人创造法律人格是不合适的，无论采用哪种法律地位模式”。[23]

让人工智能具有与自然人同等的完全法律人格，并享有自然人所享有的所有法律权利，这显然是不适当的。例如，允许人工智能投票将破坏民主，因为任何想要确定选举结果的人都可以创建人工智能系统，为指定的候选人投票。然而，与法律人格有关的权利和义务实际上各不相同，即使是对儿童等自然人，他们也受到不同于成年人的对待。

应当强调的是，没有拟制主体可以享有与自然人相同的权利和义务。法人——最著名的拟制主体——长期以来只享有有限的权利和义务，如允许他们起诉和被起诉、签订合同、创设债务、拥有财产和被定罪。但是，它们不能获得宪法对自然人的保护，如美国宪法第十四条修正案的平等保护条款；它们也不能携带武器、竞选或担任公职、结婚或享有自然人所拥有的其他基本权利。因此，为了惩罚人工智能而赋予其法律人格，并不要求同时授予人工智能以自然人享有的权利，甚至是法人享有的权利。质言之，人工智能的法律人格只能包括义务，不能涵盖权利。

即便如此，授予人工智能任何形式的法律人格都将是一个重大的法律改革，并可能因此带来不少问题。例如，可能会导致更多的拟制制度。那些提议赋予人工智能拟制人格的人，希望它能遵守社会规范，并对它的能力有更高的期望。这样做是有问题的，因为这种期望是不准确的，人工智能的运作是基于我们对其的信任而不是基于其拟制人格。此外，对于人工智能使用者而言，这种法律拟制将产生不良后果，即“人生可能被人工智能操纵的认知和心理打击，生活质量急转直下”。[24]一旦政府以过去只对自然人适用的责任方式来追究人工智能的刑事责任，
那么，这些不良后果出现的概率就大大增加了。加强原本成问题的人工 127
智能法律拟制也可能导致针对人工智能更暴力或更具破坏性的抵制活动，如肆意破坏人工智能系统。此外，惩罚人工智能还可能间接影响人类的福祉。例如，由于人们认为人工智能被赋予了与人类同等的法律地位，人们会对自己在社会中的地位产生焦虑。

此外，以观念性好处证明惩罚人工智能的合理性也让一些人感到担忧。实际上，为了安抚那些想要报复人工智能的人而惩罚人工智能，无异于向“暴民正义”(mob justice)屈服。如果这种做法得到合法化，那么未来民粹主义者的正义呼声将会受到更多的打压。应当注意到，虽然越来越多的人主张惩罚人工智能，但这个事实本身并不代表这样做就是公正的。大卫·刘易斯(David Lewis)注意到，如果说民众遭受侵害就

直接“要求对方流血”是不公正的，那么通过法律“要求对方流血”也同样不公正，即使“这种无视正义的依‘法’行事做得天衣无缝”。[25] 进一步说，为观念性好处而惩罚人工智能也会导致国家进入恶性循环，影响到其对待人类的方式。例如，凯特 · 达林（Kate Darling）的警告，为了反映道德规范、防止人类利用国家机器实施不正义行为，我们应当保护机器人不受虐待。[26]

最后，赋予人工智能法律人格可能导致权利泛化。即使人工智能在最初获得法律人格时被授予很少权利，甚至没有获得任何权利，但随着时间的推移，人工智能也可能逐渐获得权利。在 1933 年美国联邦最高法院的一份判决书中，路易斯 · 布兰迪斯（Louis Brandeis）大法官对权利泛化发出了警告。他认为，赋予企业过多的权利可能会让它们最终主宰国家。八十年后，布兰迪斯大法官的担忧成为了事实，因为美国联邦最高法院在公民联合（Citizen’s United）和霍比 · 罗比（Hobby Lobby）等案件中大大扩大了企业的权利。[27]

对惩罚人工智能的一点看法

反思对惩罚人工智能的正反理由，有助于我们重新理解过去惩罚自然人的刑法正当性理论。例如，一些哲学家争论说，从事反社会行为的人在道德上不应受责备，因此，基于道德上的可责性进行惩罚不能是正当的。又如，决定论认为，人们从头到尾只会机械地做出选择：如果人们再次面对同样的生活条件——从他们的基因到出生环境再到他们所遇到的机会——他们也会做出同样的选择。部分决定论者还进一步指出，机械选择意味着自由意志根本就不存在。如果决定论正确，那就会动摇可责性在刑法中的地位。

过去的刑法理论主张，没有自由意志，行为人的不法行为就不会遭受道德上的谴责。如果人工智能能感受到刑罚之苦，那惩罚人工智能就可以很好回应这个担忧，因为这意味着道德错误并没有我们过去
128 想象的那样重要，刑法其实并不关心行为人是不是道德败坏，相比之下，刑法只关心行为人是否漠视了刑法所保护的价值。由此，惩罚人

工智能也就可以反驳过去的刑法理论，即惩罚缺乏自由意志的行为人是不正义的。

作为一个实际问题，关于惩罚人工智能的论证表明，相较于对犯罪动机的强调，法律更应当重视行为人的反社会行为。如此一来，这会削弱对所谓思想犯的支持，例如 2006 年《英国恐怖主义法》，将“为实施（恐怖主义）犯罪意图所做的任何准备行为”规定为犯罪。[28] 打击思想犯的做法，实际上就是在刑法意义上判定任何人只要心生犯意就构成犯罪。

第四节　可行替代方案

根据上面的讨论，我们可以发现，惩罚人工智能既有好处，也要付出一定的代价，包括对传统刑法理论的挑战。在这个关键点上，我们要确定惩罚人工智能是不是值得尝试的方案，还要先考察是否有其他替代方案来处理人工智能犯罪。

第一个替代方案：维持现状

其实，第一个替代方案很简单，就是维持现状。相较于天天发生人工智能犯罪的情形，如果每十年才发生一起人工智能犯罪，那么我们就远没有必要改变现行刑法。在缺乏人工智能犯罪高发的实际证据之前，我们没有必要采取成本很高的行动。当然，随着技术发展人工智能犯罪会增多，进而打破这种平衡。不过，现有人工智能产生类似犯罪损害结果但不用承担责任的风险表明，我们还是有必要采取一些法律举措，即使不是采取直接惩罚人工智能的激进措施。

首先，对现行法律的创造性解读至少是对人工智能犯罪的部分回应。正如哈利维所观察到的，这类案件可能会在一个无辜的“代理人模型”下被起诉，假设人工智能可以被合理地视为满足一个无辜代理人的前提条件，即使它本身不是一个完全负有刑事责任的代理人。其次，根据无辜代理人理论，缺乏行为能力的代理人（如儿童）所犯之罪，其刑事责任由被代理人承担。例如，一个成年人让一个五岁的孩子运送非法毒品，通常是成年人而不是孩子承担刑事责任。无辜代理人可以类比为行为人设计一个复杂的人工智能来违法：这个设计者要为故意导致人工智能产生犯罪的外观而承担责任。这一理论要求被代理人有犯罪意图——或至少要知道——无辜的代理人会产生刑法禁止的结果。这意味着，如
129 果有人无意或没有预见到使用人工智能系统会造成伤害，那么无辜代理人模型就无法适用。最后，无论代理人实际上是否无辜，无辜代理人理论都要求代理人必须已经实施了犯罪行为，而这本身又与人工智能刑事责任主体否定论相冲突。

第二个替代方案：延续刑法传统的扩大化做法

通过对刑法进行更传统的延伸，包括认定新的罪名，我们可以更合理地解决人工智能犯罪问题。一如《计算机欺诈和滥用法》（Computer Fraud and Abuse Act）将个人利用个人电脑非法获取计算机系统信息定为犯罪，我们可以出台一部《人工智能滥用法》（AI Abuse Act），专门惩罚那些恶意或鲁莽使用人工智能的人。此外，该法还可以惩罚那些未能负责任地设计、部署、测试、培训和监控人工智能的个人。对于那些设计了可合理预见会产生严重伤害或非法后果风险的系统的开发人员，即使其中的特定风险尚不可预见，但该法仍可对新增加的过失犯罪加以惩治。

然而，以这种方式扩张刑法，将会不合理地抑制创新和商业活动。此外，个人实施的一些活动似乎不构成可责难的行为，因为所有的活动和技术都可能会伴随一些损害风险。换句话说，如果开发了未来可能产生非法后果的系统就构成犯罪，那么所有互联网的早期开发者都有可能为此承担刑事责任。最后，这些新罪名可以有效打击个人具有可责性的行为，但对于无法还原为个人的人工智能犯罪却作用有限。因此，我们还需要另一种扩大刑法的方式来应对人工智能犯罪。

对此，我们可以大胆设想，在人工智能犯罪中指定一个“责任人”

来承担刑事责任。当然，这个人不能是本来就要为自己实施的行为直接承担刑事责任的人。那么，这个方案就涉及新形式的过失犯，即在人工智能犯罪案件中未能履行法定职责的人。在具体操作上可能采取申报责任人的形式，即任何开发或者运营可能造成他人伤害的人工智能系统的组织或者个人，都要事前向主管部门申报一个责任人。这就意味着，类似于无证驾驶，不申报责任人本身也是一种犯罪。然而，申报和登记方案也存在问题，因为很难区分哪些人工智能会实施犯罪活动，哪些不会，特别是在申报时难以预见的犯罪活动。要知道，即使最初看上去简单无害的人工智能，最终也可能对他人造成严重的伤害。此外，登记还可能涉及大量的行政负担，鉴于人工智能日益流行，强制登记的相关成本很可能超过登记带来的任何好处。

进一步而言，相对于申报登记制度，事先指定责任人的默认规则可能更可取。如果是商业产品，默认的责任人可以是人工智能的制造商或供应商。如果不是商业产品，默认的责任人可以是人工智能的所有者；如果没有所有者，则是开发者，如果没有开发者，则是使用者。值得注 130
意的是，即使不属于商业产品，人工智能通常也被作为财产拥有，尽管情况可能并不总是如此，如一些开源软件。类似地，所有的人工智能都有人类开发者，如果一个人工智能自动创造了另一个人工智能，那么，最初的人工智能所有者就要为此承担责任。

如果无法确定人工智能的开发人员，或者存在大量开发人员(如开源软件)，这个默认的责任人就可能变成了人工智能使用者。然而，这仍然不适用于极端的非商业性人工智能情形(也许只是假设)，即这个人工智能没有所有者，没有可确定的开发者，也没有使用者。如果非商业性人工智能所有者、开发者和使用者之间达成不同的责任安排，他们也可以推翻默认的责任人安排。这种情况主要发生在三者关系复杂而且所涉及的人工智能发生犯罪的风险很高的情况。值得注意的是，责任人可以是公司这样的拟制主体。

在人工智能犯罪案件中，有可能这个责任人是直接承担刑事责任，而不是代人工智能承担刑事责任。例如，如果法律规定了责任人要承担的监督和注意义务，但责任人未能履行这些义务，那就要承担过失犯罪的责任。很显然，这种情况下人工智能造成损害的罪责不是源自人工智能自身的过错。相反，这种情况下，这个责任人是为自己的罪行直接承担刑事责任。

如果默认责任人机制还不足以解决人工智能犯罪问题，我们也可以进一步采用责任人严格刑事责任，特别是相关惩罚措施是罚金而不是监禁的情况。适用严格责任的犯罪一般限于轻微违反监管规则的行为，特殊情况下也可适用于更严重的犯罪，如在一些司法管辖区规定的强奸罪。然而，严格责任犯罪在适用于自然人方面同样存在着严重的问题，即使有正当理由要适用于自然人，也只能作为紧急情况下的最后手段，如异常危险的犯罪。

然而，使用人工智能是否构成异常危险并不明显。相反，在许多活动领域，不使用人工智能将是不合理的。这是因为由人工智能来完成这些领域的工作要比由人类完成更安全，例如自动驾驶汽车。到目前为止还没有任何引人注目的人工智能犯罪，而大多数使用人工智能实施犯罪的行为人仍适用现有刑法进行定罪处罚。因此，目前人工智能犯罪的社会严重性，还没有达到需要采用严格刑事责任的程度。

综上所述，责任人机制是解决人工智能犯罪的一种办法，即责任人
131 违反法定的监督和注意义务则要承担刑事责任。相较于直接惩罚人工智能，这种机制能够带来更多的观念性好处，同时也不会造成惩罚人工智能所带来严重公共信任危机。

第三个替代方案：扩大民事责任

民法，尤其是侵权法，可以对人工智能致害提供责任方案，也可以在一定程度上预防人工智能实施侵害行为。毋庸置疑，一些人工智能犯罪已经涉及民事责任的承担问题，但民事责任机制还是有其固有的局限性。就目前而言，很少有法律特定针对人工智能致害作出明确的民事责任规定。这就意味着，要追究人工智能致害的民事责任，仍然要回归传

统的过失责任、产品责任或者合同责任的框架中。其中，过失责任通常要求侵权人有过失，但在人工智能犯罪中如果找不到有过失的人，那这个损害赔偿责任也无法追究。产品责任既要求人工智能构成商业产品（这就不适用于人工智能用作“服务”的情况），又要求这个产品存在缺陷（或者对这个产品进行了虚假表示）。在复杂人工智能的情况下，很难证明人工智能在设计阶段是否存在瑕疵。况且，人工智能即使在没有先天“瑕疵”的情况下也可能在后续运作中实施犯罪。此外，合同关系也可以产生民事责任，但这种责任也仅仅适用于存在合同相对人的情形，因此合同责任也有非常明显的局限性。

在传统民事责任无法应对人工智能犯罪的情况下，我们前面提及的责任人机制在这里也可以派上用场。这时的责任人只要代替人工智能承担民事责任即可。要追究人工智能致害的责任人民事责任，受害者可以单独提起侵权诉讼，也可以联合起来提起集体诉讼，还可以由监管人工智能的政府机构提起公益诉讼。在案件审理过程中，法官并不把人工智能当作法人来对待，因为一旦法官认定法人自己实施有害行为则会将其视为一个独立的行为和“思考”实体。相反，法官在这里所要审理的重点，是这个责任人在开发或利用人工智能时是否尽到合理的注意义务，或者责任人的行为是否满足承担严格责任的要件。

当然，责任人机制并不是弥补传统民事责任不力的唯一出路。保险机制还提供了另外一种可能。人工智能所有者、开发者或者使用者，甚至部分类型的人工智能本身，都可以支付一定税金建立起损害赔偿基金，用于赔偿人工智能犯罪给受害人造成的损失。当然，具体的税金额度相比于人工智能所能创造的价值要低得多。人工智能损害赔偿基金的具体运作，可以像国家疫苗损害赔偿计划（VICP）那样，由用户支付的“疫苗税”提供资金。疫苗能带来广泛的社会效益，也基本没有产生过严重的问题。事实上，国家疫苗损害赔偿计划是传统侵权责任的一种不要求过错的责任形式，即只要因注射疫苗而受害都可以从这个计划获得赔偿。类似地，在人工智能犯罪造成损害的场景下，受害者也可以通过 132

人工智能损害赔偿基金获得赔偿，而不需要考虑人工智能致害是否存在过错。

对未来的展望

至少就目前而言，主张惩罚人工智能是对基本上还处于假设性阶段的担忧作出的过激反应。因此，对于人工智能犯罪，采用替代方案要比直接追究人工智能刑事责任更为稳妥，这既能提供惩罚人工智能的巨大好处，也能避免刑事追责的弊端。其中，从人工智能犯罪的问题普遍性程度和社会效果来看，民事责任是一种更为恰当的解决方案。同时，适度扩张刑法仍然要比直接惩罚人工智能更可取，比如围绕人工智能应用程序的不当设计、操作和测试等创设新的过失犯罪。又如，在人工智能犯罪成为更严重的社会问题时，对未履行法定职责的责任人追究刑事责任。

然而，与主张人工智能纳税的想法一样，追究人工智能刑事责任并不像最初看起来那么荒谬。刑法可以通过精心的法律拟制技术为解决社会问题提供实用工具，而且这种技术在法人犯罪方面已经展现得淋漓尽致。即便如此，法律拟制技术还是要谨慎使用，因为一旦滥用，不仅会普遍导致无辜者被惩罚或者惩罚过重等不公正现象，也会辜负公众对法律的信任，最终损及法治精神。为此，在确信可通过法律拟制手段——包括赋予人工智能法律人格或者推定人工智能具有可责性的犯罪意图——解决人工智能犯罪问题之前，我们得首先完成繁重的正当性和必
133 要性论证工作。

注释

1. Gabriel Hallevy, *The Criminal Liability of Artificial Intelligence Entities: The Criminal Liability of Artificial Intelligence Entities—From Science Fiction to Legal Social Control*, 4 AKRON INTELLECTUAL PROPERTY JOURNAL 171, 191 (2010).

2. 同上注，第 199 页。

3. 同上注，第 201 页。

4. 同上注，第 199 页。

5. Ying Hu, Robot Criminals, 52 MICHIGAN J.L. REFORM 487, 531 (2019).

6. H.L.A. HART, PUNISHMENT AND RESPONSIBILITY 4—5 (2nd ed., 2008).

7. Peter Asaro, *A Body to Kick, but Still No Soul to Damn: Legal Perspectives on Robotics*, in ROBOT ETHICS: THE ETHICAL AND SOCIAL IMPLICATIONS OF ROBOTICS 181 (2011).

8. Mark A.Lemley & Bryan Casey, *Remedies for Robots* (Stanford Law and Economics Olin Working Paper No.523, 2018), http://dx.doi.org/10.2139/ssrn.3223621.

9. Christina Mulligan, *Revenge Against Robots*, 69S. CAROLINA. L. REV. 579, 580 (2018); cf. David Lewis, *The Punishment that Leaves Something to Chance*, 18 PHIL. & PUB. AFF. 53, 54 (1989).

10. Mulligan, supra note 9 at 593.

11. ANTONY DUFF, THE REALM OF THE CRIMINAL LAW 19 (2018).

12. 同上注。

13. Model Penal Code, § 2.01 (1).

14. Gideon Yaffe, *The Voluntary Act Requirement*, in THE ROUTLEDGE COMPANION TO THE PHILOSOPHY OF LAW 174 (Andrei Marmor ed., 2012).

15. Michael Bratman, INTENTION, PLANS AND PRACTICAL REASON 141—142 (1999). See also Alex Sarch, Double Effect and the Criminal Law, 11 CRIM. L. AND PHILOS. 453, 467—468 (2015).

16. 参见 Bratman，(本章脚注)前注 15，第 141 页。

17. 参见 Hart，(本章脚注)前注 6，第 4 页。

18. Elizabeth Harman, Harming as Causing Harm, in HARMING FUTURE PERSONS 139 (Melinda A. Roberts and David T. Wasserman eds., 2009).

19. PHILIPPA FOOT, NATURAL GOODNESS 26 (2001) (“植物和动物的那些可被称为‘自动化’、‘固有的’，或者我称之为‘自然的’的优点以及缺点跟其他生物物种的成员的需求没有任何关系。”)

20. Joel Feinberg , *The Rights of Animals and Unborn Generations*, in PHILOSOPHY AND ENVIRONMENTAL CRISIS 43, 49—52 (William T. Blackstone ed., 1974).

21. Mulligan，supra note 9 at 594.

22. EUR. PARL. DOC.（A8-0005/2017），http://www.europarl.europa.eu/sides/getDoc.do?pubRef=-//EP//TEXT+REPORT+A8-2017-0005+0+DOC+XML+V0//EN.

23. Open Letter to the European Commission Artificial Intelligence and Robotics（Apr. 5，2018），https://g8fip1kplyr33r3krz5b97d1-wpengine.netdna-ssl.com/wp-content/uploads/2018/04/RoboticsOpenLetter.pdf.

24. Luisa Damiano & Paul Dumouchel，*Anthropomorphism in Human—Robot Co-evolution*，FRONT. PSYCHOL.，Mar. 26，2018，https://doi.org/10.3389/fpsyg.2018.00468.

25. Lewis，supra note 9 at 54.

26. Kate Darling，*Extending Legal Protection to Social Robots：The Effects of Anthropomorphism，Empathy，and Violent Behavior Towards Robotic Objects*，in ROBOT LAW 213，215（Ryan Calo，A. Michael Froomkin，& Ian Kerr eds.，2016）.

27. Citizens United v. Fed. Election Comm'n，558 U.S. 310，341（2010）and Burwell v. Hobby Lobby Stores Inc.，573 U.S. 682（2014）.

28. Terrorism Act 2006（UK），§5，www.legislation.gov.uk/ukpga/2006/11/introduction.

第七章

人工智能法律中立原则的其他维度

前方近在咫尺，但要到达那里，却还要付出诸多努力。

——艾伦·图灵

前面的章节详细探讨了法律如何区分人类行为和人工智能行为，虽然这种区分常常发生在不经意间，却可能产生让人意料不到的后果。现行税法侧重对人力资源收税而让人类工人处于劣势，如果不加以改变，政府的税收只会越来越少。一旦人工智能在诸如自动驾驶等领域变得更安全、更高效，侵权法如坚持对人工智能和人类实行不同的侵权归责原则，将会让我们的人身财产变得越来越不安全。随着人工智能不断进行发明创造，我们的知识产权法倘若仍不作出调整也会失去其鼓励创新的功能。类似地，刑法也未能对人工智能犯罪作出适当回应。有鉴于此，本书主张在这些领域适用人工智能法律中立原则，旨在帮助法律更好地实现其目的，不论这些目的是促进竞争、提升安全、激励创新，还是预防犯罪。

本章探讨人工智能法律中立原则更深远的影响，并回应一些可能的批评。首先，不论人工智能是否能够在各个领域展现出超人的能力，人工智能法律中立原则都是一个非常有价值的原则，因为法律原本并不想故意遏制人工智能与人类开展竞争。其次，虽然人工智能法律中立原则既不要求人工智能和人类获得完全同等的对待，也可能与维系人类主体地位等其他监管人工智能的最佳原则相冲突，但人工智能法律中立原则仍可以在不同领域实现一致适用。最后，本章还考虑了人工智能带来的特殊风险和挑战，并主张这些风险和挑战并非是全新的或者无法应对的。

第一节　人工智能法律中立原则与奇点

本书中有一些观点赞同部分技术专家有关奇点在我们有生之年能够出现的预言，但有些预言家则认为人工智能的潜能被当成噱头过分炒作
134 了。如果自动化没有增加失业率，自动驾驶汽车的安全驾驶能力从未显著超越人类驾驶员，人工智能发明者永远只是表现得很新颖但缺乏非显而易见性，那我们要怎么办？奇点可能永远也不会到来；即使到来，也不是 21 世纪就会出现。那么，在超级人工智能来临之前，人工智能法律中立原则还有价值吗？

矛盾的是，人工智能法律中立原则在人工智能还没有明显超越人类的世界里显得更加重要。事实上，当人类和人工智能处于相对激烈的竞争之际，区别对待人工智能和人类的法律才是最具有破坏性的。一旦人工智能的效率大幅高于人类，这种区别对待最终便只是延缓但无法阻止自动化的进程。例如，受现行税法的影响，麦当劳今天决定用（或者不用）表现平庸但要价 35 000 美元的机械臂代替工人。然而，当一个要价只要 3 500 美元但能力却一样比人类更快更精准的机械臂出现时，麦当劳决定实施自动化就不用再考虑人工智能税负。相比之下，人工智能法律中立原则可能只是在人工智能比人类更高效时才会加速自动化的进程。

一方面，人工智能法律中立原则在人工智能比人类更高效时鼓励实

施自动化。另一方面，按照技术乐观派的预测，人工智能终将在所有领域都比人类更高效。那么，有人就会认为，我们生活的世界最终会是这样一幅图景：人工智能无所不能，而人类无所事事。如果您愿意相信，那这就是一场反乌托邦的噩梦，人们失去了工作的机会，失去了人生的意义。如果是这样，问题就变成了：法律是否应当遏制人工智能，以阻止这一场噩梦？还是那句话，歧视性法律永远不会阻止自动化，除非法律直接禁止某些领域人工智能的使用，例如禁止在疾病的任何商业诊断或治疗中使用人工智能。

如果在医疗领域执行这样的禁令，那么我们确实能保障人类在医学上作出最高决策，并防止医生被扫地出门。然而，普遍禁止人工智能的使用却不现实。在医疗领域，这种禁止的结果是病人接受更差的医疗服务，但要支付更高的价格。这其实也不是医生想要的结果。医生如果想要通过提升生产力来找到他们的价值，那么他们在这方面永远也无法实现他们的价值，因为他们的努力在人工智能面前一无是处。将来，医生只是被雇来防止人工智能做得更好，而不是要帮其他人干点事情。从本质上说，这将是西西弗斯寓言的重演：残忍的希腊国王被众神诅咒，永远要将一块巨石推向陡峭的山顶，但当他快要接近山顶时，巨石又滚下来。换言之，应对自动化挑战的解决方案不应当变成这样一个无休止无意义(如果不是有害的)劳动的诅咒。

在这个(几乎)完全自动化的未来，可能会有极少情况不适宜进行自动化，例如用人工智能决定是否使用致命武器或者是否追究被告人的刑事责任。然而，只有在诸如法官和警察这样的职业保留给人类的情况下，我们的世界才能容纳这么多法官和警察的存在。在某种程度上，这就意味着我们大多数人将需要找到自己的方法，把时间花在工作以外的
其他活动上。托马斯·摩尔在《乌托邦》中写道，在理想的社会中，人 135
们很早就起床，一天工作六个小时，剩下的时间就任由自己明智地决定要如何度过。在人工智能的乌托邦世界里，人们可能不需要一天工作六个小时，甚至就不用工作。人们在未来可以在很多事情上找到生活的意

义，但基本上不可能通过简单的生产力证明其生活的意义。

柏拉图认为，人生的意义源自对知识的体悟。或许，随着闲暇时间和资源的无限充裕，人们会选择继续自我提高。儒家认为，人们在人际交往中找到人生的意义，正如杜维明所写的，“我们可以在平凡生活中把握人生的真谛”。[1]或许，人们会花时间去维系人际关系。杰里米·边沁认为，人生的意义在于为最大多数人谋求最大的幸福——最大幸福原则。或许，人们会尽情享受虚拟现实。

尽管探寻人生的意义已经超出本书的范畴，但我们还是能够充分认识到，人生的意义可以通过除工作外的其他途径去实现。此外，告诉人们如何才能明智地生活不仅是一种家长式做法，更是强迫他们为了“自己的”利益而忙忙碌碌。当然，这并不是说奇点可以保证人们的福祉得到改善，但现实的反乌托邦人工智能未来，不太可能充斥着疯狂的机器人杀手，抑或是毫无意义的人生。我们所要警惕的，应当是仅对少数人受益的人工智能未来，特别是以牺牲多数人的不幸为代价的做法。为了防止这种未来的到来，我们所要做的不是禁止自动化，而是建立起适当的法律框架。

第二节　人工智能法律中立原则的连贯性

本书主张，法律体系在不歧视人工智能的情况下可以运转得更好，但这并不等于主张人工智能在法律面前与人类平起平坐。实际上，人工智能法律中立原则不要求人工智能对其犯罪直接承担刑事责任，不要求人工智能对其致害行为直接承担侵权责任，也不要求人工智能对其发明创造直接享有知识产权。因此，人们可能会反对说，对于那些要求某个原则必须一致适用的政策制定者而言，接受人工智能法律中立原则是不切实际的，甚至是完全走不通的。然而，这种反对意见对其他人工智能原则也同样适用。

欧盟委员会人工智能高级专家组在2019年提出人工智能七大原则，包括透明度、隐私保护、以人为本和非歧视等原则。[2]这些原则很难从抽象层面去反驳，但在实践中这些原则各自之间存在冲突。例如，透明度原则的实现可能会牺牲隐私保护原则。具体而言，要了解互联人工智能如何运作，就要求获得其训练所使用的输入内容，而这些内容通常是个人数据。提供这些个人数据用于检查就构成对隐私权的侵犯，在审查医疗领域人工智能的透明运作时更是如此。此外，透明度原则可能 136
还要求披露非常有价值的商业秘密。例如，为了理解人工智能的功能，往往要求获得人工智能源代码，但如果竞争对手也可以获得这些源代码，那么他们就可以在不侵犯知识产权的情况下开发同类产品。

同样地，以人为本原则可能与非歧视原则相冲突。算法歧视是人工智能产生以来长期存在的问题。这个问题在2016年进入公众视野，一家名为ProPublica的美国非营利性新闻机构披露了歧视黑人的刑事裁判算法“矫正罪犯替代惩罚画像管理”（COMPAS）。COMPAS对犯罪嫌疑人进行风险评估，协助法官作出保释裁定（即是否在审判前释放犯罪嫌疑人）。该算法常常将不是重犯的黑人犯罪嫌疑人标示为高危险，而将重犯的白人犯罪嫌疑人标为低危险。[3]开发该算法的企业回应称，他们在每个特定风险层级都有大概同等比例的白人和黑人犯罪嫌疑人。

事实上，算法歧视更大的担忧并不在于某个具体的人工智能基于肤色作出歧视性判断。歧视在人工智能和人类决策中都不可避免地存在，二者的差别在于有一些决策在道德上和法律上是完全不可接受的。算法歧视并不是说某个人在人工智能编程时故意设置成种族歧视，而是指人工智能是基于歧视性训练数据而习得的。如果人类法官过去长期对被告人作出歧视性裁判，那么未来人工智能也会这么做。

虽然人工智能会吸收历史偏见已经成为我们合情合理的担忧，但这忽视了算法歧视另一个更深层次的问题，即人类法官有意识或无意识地对少数被告人的歧视性对待，尽管法律上明确禁止这类歧视。因此，这种人类歧视很难察觉，更难以纠正。例如，法国在2019年公布了判处5

年监禁的罪犯判决数据分析结果。[4]法国政府公开了署有法官名字的司法判决，但禁止对特定法官作出的判决进行数据统计分析。对此，有批评意见认为，这是防止有人拿出证据证明法官在裁判中的不连贯性和歧视性做法。现有研究发现，法官在实际裁判中会出现“惊人的差异”。[5]

相较于人工智能的透明度，人类决策过程可能更缺乏透明度，也更不可解释。的确，不同于人工智能，法官在解释某个裁判时是可信赖的。然而，这种解释无法保证准确性。事实上，如果某个法官有意识地歧视某个群体，他是不太可能会公开承认的。相反，他会基于该群体某个犯人的犯罪事实、个人生活环境和其他因素来对其裁判作出正当化解释。要是法官是无意识地作出歧视裁判，那么这个法官甚至都意识不到
137 他居然会作出歧视性判决。

或许，人类思维要比人工智能更容易构成算法黑箱。如果对人工智能进行适当检测，人工智能还可以对其内部运行规则做得更透明，而且还可以在后续编程中专门进行改正。然而，人类不存在这样的内部规则。例如，法律明确禁止人类法官作出种族歧视的判决，但法官在实践中仍然作出这样的判决。要避免这种事情的发生，一种做法是把一些权限让渡给人工智能，例如我们可以将人工智能编程为“永远不许考虑种族因素甚至是类似的变量”。在这个存在不同肤色人种的社会中，这可能是我们消除种族歧视的最佳时机。

在各个领域实现以人为本

人工智能监管中常常提及的是维系以人为本原则的优先性，但这个原则可能与人工智能法律中立原则相冲突。我们是否应当禁止诸如创造性工作等领域的自动化，即使人工智能在这些领域比人类更高效？哈兰·霍华德将乡村音乐描述为“三和弦是乡村音乐的灵魂”。[6]从技术角度来看，对乡村音乐进行这样的描述并不完全准确，但我们不得不承认，人类耳朵可以区分的音调数量有限，而用这些音调组合成美妙音乐的可能性同样有限。

当今，人类创作的歌曲已经比一个人能够听完的要多得多，即便他

每天一曲接着一曲听下去。如果我们把所有五分钟长的录音（这里面可能包括了不构成典型音乐的录音）统计一下，这个结果将会是一个天文数字，如 2 的 21 100 万次方。[7]如果只统计其中人类可以识别的录音（如典型的旋律），那么数量将会显著下降。如果人工智能只创作其中人类感兴趣的音乐，那么这个数字还会更小。然而，无论如何，这个数字仍然是一个令人难以置信的天文数字，只有未来拥有无限能力的人工智能才能生成。

考虑到一个人实际上不可能听完所有录音，除非人工智能自己也能评估这些录音的价值，否则人工智能生成大量五分钟录音的价值就变得非常有限。为此，人工智能可以假定哪些录音最有可能是人们感兴趣的，甚至是特定人群感兴趣的。[8]然后，人工智能就可以为每个人提供他们最有可能在余生享用的最佳音乐播放列表和排名。如果能够开发出这样的人工智能，应当允许它这样去做吗？对于喜欢听音乐的人而言， 138
人工智能创作出的这些音乐是有社会价值的，但人工智能这样的能力是否会碾压人类的创造力、挤占音乐家的生存空间？类似地，其他创造性领域也会存在这两个问题。例如，人眼只能分辨一定分辨率的图片，而一些尖端显示器可识别的图像已经超过这个分辨率。在拥有显示器中的有限数量的像素的情况下，人工智能在理论上可以创造任何可能的图像。这会对人类摄影师产生抑制效应吗？

可以肯定的是，人类会继续创作。即便人工智能已经在国际象棋领域展现出霸主地位，人们仍然不会停止下棋。对人类而言，自我提高和战胜其他人仍然是值得努力的事情。同样，在长跑还是传递信息的最快方式时，它的重要性不言而喻。事实上，马拉松比赛的灵感正是来源于古希腊士兵斐迪庇第斯的故事。他为了宣布战争的胜利，从马拉松一路跑到雅典，最终力竭而亡。在引入更快交通工具之后，长跑已经失去其往日荣光，但人们还是热衷于跑马拉松。换言之，人们对自我提升、社会活动和竞争的兴趣不减。五十年后，人们仍然会做音乐，或许出于对音乐的热爱，或许因为还存在人类音乐的市场。在人工智能乌托邦世界里，人们为了其爱好还会继续创造性工作。

那么，在更少涉及保护主义但更关注不良后果的其他领域呢？人工智能既缺少常识，也缺少内部道德约束（尽管有些人也有这样的问题）。在某些军事或者司法领域，自动化似乎会引发特别的关注。其中，对自动化最激烈的反对主要聚焦于自动决定人类生死的“机器人杀手”或者自动武器系统。或许，有些领域永远都不应当实施自动化。

不过，有些反对自动化的理由却无法持续下去。肯尼斯·安德森和马修·威克斯曼就明确支持自动武器系统，认为该系统能够在战场上保护自己人和平民。[9]人工智能能够比人类战士反应更快、不会感情用事（这会限制或者释放人的本能），也不会自私。相比之下，人类战士就有违反《武装冲突法》的历史。对于某些军事行动，人工智能可能比人类战士做得更好。事实上，已经有一些高度自动化的武器系统，例如以色列的铁穹（Iron Dome）反导系统能够有效自主工作，可以自主检测来袭导弹并比人类更快作出反制措施。当然，这个系统严格用于防御目的。

即便是司法领域，也无法逃脱自动化的命运。在 2019 年，爱沙尼
139 亚政府启动了“机器人法官”以审理小额索赔案件。[10]这是人类迄今为止首次直接让人工智能替代法官，即便当前评估这个项目的成败还为之过早、案件当事人仍可向人类法官上诉。到目前为止，相较于自动化裁判，人工智能做的更多是辅助分析工作以及调解工作。在调解中，不同于像法官那样直接做出有约束力的决定，调解员只是协调自愿参与调解的争议双方达成和解。目前可以找到的有关自动调解员的最早记录，是美国兰德公司 1980 年开发的法律决策系统。通过确定责任的分配、评估损失数额和公平的补偿款，这个法律系统能够协助产品纠纷的解决。以类似方式运作的当代人工智能是荷兰的 BOS 系统，它帮助荷兰检察院评估犯罪嫌疑人的可能量刑，就像美国的 COMPAS 系统那样。

当案件（或许是诉讼成本过高的大量小额争议案件）争议并不需求传统第三方介入时，人工智能进行自动化决策要比仅仅扮演辅助角色更为合适。eBay 的争端解决系统就是首个成功运行的大型在线争议解决系

统。该公司采用一个基于问卷的人工智能专家系统，其执行调解人的角色，收集信息、识别偏好并提供可供选择的多种争议解决方案。eBay对外声称这个系统每年处理 6 000 万争议，其中 90%不涉及人类的干预。只有在人工智能系统无法处理的情况下，人类才会介入。而且，eBay 也公布了争端解决的效果，80%的当事人对裁判结果表示满意。当然，这个系统也有不少争议。

首先，eBay 争端自动解决系统显然是一个商业决策，尤其是考虑到涉案标的较小的情况。鉴于法院已经堆积如山的未决案件，很难想象法院来解决所有争议会糟糕到什么程度。由于 eBay 保留了涉案的详细交易记录和争议事项，诸如消费者没有收到包裹、货不对版，等等，自动化解决这些争议显然要简单得多。在这个系统的早期版本中，人类调解员通过邮件来调解争议。相比之下，调解自动化不仅增加和解率，还提升了争议双方的满意度。这个成果的取得，归功于所有争议双方仅对争议事项和和解选项提出意见，并由人工智能系统来处理这些信息。用弗兰克 · 桑德的话来说，人工智能可以扮演解决争议的中立第三方。[11]

同样取代调解员的人工智能系统，还包括了使用双盲投标的网络和解(CyberSettle)和智能和解(SmartSettle)系统。这些系统的本质和使用方式基本是相同的：参与方向人工智能系统提供报价和底线，如果这些报价在彼此的范围内，人工智能可以对分歧进行归类并提出减少分歧的建议。这就可以改变人类主导调解时的动态变化情况(其中往往会涉及大量的咨询和调查)，将精力集中于双方提议的交换。目前，也存在一些更复杂的系统，但这些系统的基本功能是为争议双方就争议标的额进行意见交换。其中，网络和解系统声称已经处理的争议超过 20 万件，涉 140
及的总价值超过 16 亿美元，平均缩短了 85%的争议解决时间。

由此可见，人工智能系统可以为很多争议提供低廉高效的解决方案。然而，当所要解决的争端比标准的 eBay 争议事项更复杂时，调解要实现自动化就变得困难得多了。调解本身就涉及模糊度、社会和情感问题、人与人之间的差异和文化差异，所有这些对机器而言都无法用简单的规则来应对。此外，人工智能也难以按照社会规范和标准进行运作。即便如此，将越来越多样的争议案件，甚至是离婚这类非常复杂又涉及情感的案件都纳入人工智能的处理范围，还是有很多潜在好处。政府也在扩大人工智能在协助裁判方面的应用。例如，美国各州使用马特霍恩(Matterhorn)系统来管理未偿付认股权证、交通违规、小额索赔和家庭纠纷。

要成功以自动化方式解决更广泛争议，人工智能不仅要变得更高效，还要更公平，或者至少以更公平的方式运行。一些批评指出，"机器正义"无法替代现有争议解决机制。按照这种观点，对于任何中等复杂或者特定领域之外的争议，人工智能都不可能存在替代人类推理和决策的能力，更不要说拥有人类常识了。换句话说，这些批评者认为公平和争议是人类独有的优点，人工智能永远不能也不应试图复制。另外，人们一直以来都认为人工智能永远也无法进行创作。然而，现代人工智能正在创作音乐、写小说、画画。换言之，只要编程时作了相应设计，人工智能就能完成创造性工作、就能表现得公正。发明"人工智能"一词的约翰·麦肯锡坚持认为，只要是法官知道的，计算机都可以知道。

第三节　人工智能和人工智能法律中立原则的特有风险

人工智能说不上恨你，也谈不上爱你，它只知道你是由原子组成的，而原子又可以做成其他东西。

——埃利泽·尤德科夫斯基

有时，人类和人工智能的行为方式在功能上是可以互换的，但他们在很多方面有所不同。有关人工智能风险和负面影响的大量文献对这些差异都有强调。学术研究已经集中在研究人工智能的不透明性、缺乏可解释性、产生偏见的设计决策、对人类福祉和社会交流的不良影响、人工智能如何改变人与企业(如脸书公司知道其用户)和人与国家(如画像和监控)之间的权力动态平衡。我们无法保证，仅仅是因为有可能保持中立和“超越政治”的缘故，人工智能就不会被操纵或者跟坏人同流合污。

尽管人工智能可能识别和解决人类社会所未意识到的问题，但它也 141
可能制造意料不到的伤害。试想一下尼克 · 博斯特罗姆(Nick Bostrom)的“回形针量产机”思维实验，那就是现代版的《魔法师学徒》(*Sorcerer's Apprentice*)![12]要是一台充分强大又不受限的人工智能机器的任务是最大化回形针的制造，那么它会决定实现这个目的的最有效手段是摧毁所有制造其他东西的竞争性资源，通过战争获取资源，甚至是摧毁它认为会干预其生产回形针的人类。人工智能可能不会拥有人类一般的动机，正因为如此，人工智能行为的方式让人觉得非常武断和不可预测。这一切的风险都警示我们不要使用人工智能，或者至少要慎重使用人工智能。

总的来说，我们不能忽视这些重大关切。毋庸置疑，我们通过法律制度处理人工智能问题的主要目的之一就是管控这些风险。事实上，人工智能和人类的行为不同、产生的伤害不同正是我们针对人工智能调整法律的原因。坚持人工智能法律中立原则并不等于不监管，也不是说它是监管人工智能的唯一原则。实际上，问责制和行善等其他原则在其他情形下可能更重要。

此外，尽管遵循自愿性道德准则发展人工智能是有好处的，但在风险过高时还是要引入包含同样原则的强制监管框架。对于法律而言，管理风险并不是什么新问题，而且现有或者微调后的法律机制可以解决许多人工智能带来的问题。现行法律已经有机制去平衡国家当局与个人隐私方面的利益。未来，这些机制可能有必要进行调整，例如当人脸识别技术普遍推广时，可能就需要专门处理人脸识别技术的法律。

未来人工智能可能产生更大的破坏性风险，如对人类的恶意或者冷漠，但这些风险不是不可控制的。历史上从不缺独裁或冷血的暴君。人们虽然不太可能为了制造回形针而毁灭世界，但可能会为了其他理由而这样做。我们的法律和制衡体系的宗旨之一，就是限制不良行为和管理风险，不论其来自独裁者还是像詹姆斯 · 邦德那样的技术狂。总而言之，我们的社会不是处理这个风险，就是应对那个风险，这些风险没有哪个必然是更恶劣的，也没有哪个是更难对付的。这些风险可能带来伤害，但并不意味着我们在其收益高于成本时仍不拥抱新技术，仍然抱残守缺。此外，尽管利用人工智能会伴随着大量风险，我们也没有理由认为，能够智能化运作的人工智能会拥有自我意识，会被自我保护的欲望所驱使。

总结

人工智能恐怕是迄今为止人类创造的最具颠覆性和创造性的技术，但它并不能保证提升人类的福祉。保证它往这个方向发展的方法是专门为人工智能制定适当的法律和政策。

142 在确定如何对待人工智能的问题上，政策制定者应当关注人工智能的功能和结果主义上的好处——这些技术会带来哪些最大的社会好处。最终，人们并不关心特斯拉自动驾驶汽车是不是采用一个无法预测的神经网络，优步自动驾驶汽车是不是使用经典人工智能，或者冲上来的汽车是不是坐了一个人类驾驶员。他们——我们——只是不想被碾压。

在众多相关的监管原则中，人工智能法律中立原则的重要性在于它确保我们在实现人工智能好处的路上不会人为地制造不必要的障碍，以阻止我们实现人工智能的好处。人工智能不会是我们道德社会关注的内容，但为了人类福祉，它必须是我们法律社会要规制的重点。随着时间推移，当人工智能在判断方面越来越优于我们人类并最终成为我们解决问题的惯用方式时，人工智能应当替代理性“人”标准中的我们。古希腊哲学家普罗塔哥拉斯说：“人是万物之尺度。”随着人工智能越来越能做我们人类所能做的各种工作，人工智能应当成为万物之尺度。那时，我们的挑战就不主要是如何监管人工智能，而更多的是如何规范我们人类自己。

注释

1. TU WEIMING, CONFUCIAN THOUGHT: SELFHOOD AS CREATIVE TRANSFORMATION (Albany: State University of New York Press, 1985).

2. AI HIGH LEVEL EXPERT GROUP (HLEG), EUROPEAN COMMISSION, ETHICS GUIDELINES FOR TRUSTWORTHY ARTIFICIAL INTELLIGENCE (Apr. 8, 2019), https://ec.europa.eu/digital-single-market/en/news/ethics-guidelines-trustworthy-ai.

3. See Julia Angwin, Jeff Larson, Surya Mattu, & Lauren Kirchner, *Machine Bias*, PROPUBLICA (May 23, 2016), www.propublica.org/article/machine-bias-riskassessments-in-criminal-sentencing.

4. France Bans Judge Analytics, 5 Years In Prison for Rule Breakers, ARTIFICIAL LAWYER (June 4, 2019), www.artificiallawyer.com/2019/06/04/france-bans-judge-analytics-5-years-in-prison-for-rule-breakers/.

5. See, e.g., Jaya Ramji-Nogales, Andrew Schoenholtz, & Philip G. Schrag, *Refugee Roulette: Disparities in Asylum Adjudication*, 60 STAN. L. REV. 295 (2008).

6. Andrew Dansby, *Country Scribe Harlan Howard Dies*, ROLLING STONE (Mar.5, 2002), www.rollingstone.com/music/music-news/country-scribe-harlan-howard-dies-197596/.

7. Casey Chan, *Is It Mathematically Possible to Run Out of New Music*, GIZMODO (Nov. 20, 2012), https://gizmodo.com/is-it-mathematically-possible-to-run-out-of-new-music-5962375.

8. See, e.g., Nicholas J. Hudson, *Musical Beauty and Information Compression: Complex to the Ear but Simple to the Mind?*, 4 BMC RESEARCH NOTES 9 (2011).

9. Kenneth Anderson & Matthew C. Waxman, *Debating Autonomous Weapon Systems, Their Ethics, and Their Regulation Under International Law*, in THE OXFORD HANDBOOK OF LAW, REGULATION, AND TECHNOLOGY (Roger Brownsword, Eloise Scotford, & Karen Yeung, eds. 2017). Available at SSRN: https://ssrn.com/abstract=2978359.

10. Eric Niiler, *Can AI Be a Fair Judge in Court? Estonia Thinks So*, WIRED (Mar. 25, 2019), www.wired.com/story/can-ai-be-fair-judge-court-

estonia-thinks-so/.

11. F.E.A. Sander & S.B. Goldberg, *Fitting the Forum to the Fuss: A User-Friendly Guide to Selecting an ADR Procedure*, 10 NEGOTIATION JOURNAL 49-67 (1994).

12. Nick Bostrom, *Ethical Issues in Advanced Artificial Intelligence*, in 2 COGNITIVE, EMOTIVE AND ETHICAL ASPECTS OF DECISION MAKING IN HUMANS AND IN ARTIFICIAL INTELLIGENCE12-17 (I. Smit et al. eds., 2003).

第三方文献

（本书的一些材料取自作者此前的作品，包括两本合著书目，并经授权使用。）

—Ryan Abbott, *I Think, Therefore I Invent: Creative Computers and the Future of Patent Law*, 57 Boston College Law Review 1079 (2016).

— Ryan Abbott, *The Reasonable Computer: Disrupting the Paradigm of Tort Liability*, 86 The George Washington Law Review 1 (2018).

—Ryan Abbott and Bret Bogenschneider, *Should Robots Pay Taxes? Tax Policy in the Age of Automation*, 12 Harvard Law & Policy Review 145 (2018).

—Ryan Abbott, *Everything Is Obvious*, 66 Ucla Law Review 1 (2019).

—Ryan Abbott and Alexander Sarch, *Punishing Artificial Intelligence: Legal Fiction or Science Fiction*, 53 UC Davis Law Review 323 (2019).

索引

（页码为原书页码）

译　后　记

法律尤其是知识产权法，常常因应技术的发展而进行调整甚至革新。人工智能的兴起，尤其是近些年的自动驾驶汽车的商业化应用，给我们社会带来非常大的影响。然而，这种影响是否是颠覆性的，还是说它只是一种更高效的技术而已？我们如果不深入思考，可能会有一些理所当然的结论：要么过于偏激，认为整个法律制度都要颠覆，如主张赋予人工智能主体资格，让人工智能统治人类；要么过于消极，如认为人工智能就是众多技术的一种，没有任何特殊之处，不值得单独分析；要么就是一种观望态度，让人工智能先发展看看，等到强人工智能出现再思考如何应对。在我未看到这本书之前，我大体偏向后两种态度，因为我一贯认为只要知识产权制度激励创新的宗旨不变，在其历史长河发展过程中虽会因应技术而调整，但从不会发生颠覆性变化。

然而，本书作者瑞恩·艾伯特的这本《理性机器人：人工智能未来法治图景》打破了我这样的冷漠。艾伯特非常直接地指出我们现有法律制度的问题——歧视人工智能，但其结果不必然是优待人类，而可能让人类处于更差的境地。例如，税法倾向于向工人征税，但对人工智能自动化采取税收优惠；自动驾驶汽车的安全性远高于人类驾驶员时，人类驾车出行反而成为交通事故的主要来源；人工智能实施犯罪了却可以逍遥法外。当然，歧视人工智能更多的问题是抑制人工智能的发展，例如不保护人工智能生成物的知识产权，甚至在人工智能能够自主发明时允许人类以发明人或者作者的名义篡夺人工智能的成果。

为此，艾伯特教授提出了人工智能法律中立原则来解决这些问题，即要求法律不能偏向于人类或者人工智能，而是要根据人工智能的不同发展水平以及人工智能服务于人类的前提下考虑法律制度的调整甚至改革。例如，在税法方面，人工智能带来的自动化在产生技术性失业的同时，又可能因为对自动化的税收优惠而导致政府总体税收收入的减少，最终导致政府缺乏财政能力投入到这些失业人员的再教育和再培训，最终进一步扩大失业和贫富不均，因此人工智能法律中立原则在税法中的适用则要求人工智能企业的税收优惠应予以降低甚至直接征收自动化税。

在侵权法方面，艾伯特教授主张人工智能在安全性高于人类时不能适用传统的产品责任而应当适用跟人类一样的过错责任，而且过错责任的注意义务标准中的理性人标准也得替换为理性机器人标准（即理性人工智能标准）——当人工智能普遍比人类更安全时，侵权的理性机器人标准就要求人类要采取更高的注意义务，而理性机器人标准能够要求涉嫌侵权的人工智能只有安全性高于标准人工智能时才能豁免过错责任。换言之，这个标准能够促进人工智能往更高的安全水平发展。

类似地，在知识产权尤其是专利领域，艾伯特教授主张应当授予人工智能发明以专利权，而且该发明的非显而易见性应当由本领域普通人工智能来判断，而不是本领域普通技术人员来判断。在刑法领域，他主张要追究人工智能犯罪刑事责任，但不是直接追究其刑事责任，而是采用指定责任人的形式来让人工智能的开发者、所有者或者使用者来承担责任。所以，艾伯特教授主张的人工智能法律中立原则并不必然要求人工智能和人类在法律面前一律平等，而需要根据具体的法律部门以及具体的人工智能技术水平做一些特别的安排。

总而言之，艾伯特提出了令人深思的人工智能法律中立原则和理性机器人标准，这正是吸引我们翻译这本书的原因，也是这本译著值得推荐给大家一读的原因。所以，在接到彭诚信教授的翻译推荐和冯静编辑提供的书稿原文之后，我们答应了这项工作。虽然我也喜欢看外文，经常写稿，但翻译完全不同于阅读和写稿，因为它需要忠实于原作，不像阅读那样可以一知半解，也不像写稿那样可以自由发挥。所以，我们也是在比较有限的时间里尽力而为，剩下的就交给读者评判。

值得强调的是，书中有一个术语“automation”，刚开始我们倾向于翻译为“智能化”而非“自动化”，主要是希望体现人工智能不同于其他机器的自动化。但认真研读原著第一章的人工智能发展历史后，还是选择回归为“自动化”的翻译。此外，原著作者主要以美国的法律来分析人工智能对法律制度的影响，所以里面很多政府部门、法律、司法案件都是源自美国，也因此我们对其中的美国专利法的“nonobviousness”也翻译为“非显而易见性”，而未翻译为我国专利法的“创造性”。

最后，关于本书翻译的分工，周睿隽负责第四章和第五章，其余由张金平完成。本书初稿翻译完后，中央财经大学的王文静博士、宋昕宇硕士、张何昱青硕士和宾夕法尼亚大学的杨润润硕士也进行了初校，提出了很多有益的意见，在此表示感谢。此外，还要特别感谢刘银良教授对本书翻译提出的建议，感谢杜颖教授对本书翻译的指点和支持，以及冯静编辑的督促和细心校对。

张金平、周睿隽

2021 年 7 月 9 日

图书在版编目(CIP)数据

理性机器人:人工智能未来法治图景/(英)瑞恩·艾伯特(Ryan Abbott)著;张金平,周睿隽译.—上海:上海人民出版社,2021
书名原文:The Reasonable Robot: Artificial Intelligence and the Law
ISBN 978-7-208-17265-4

Ⅰ.①理… Ⅱ.①瑞… ②张… ③周… Ⅲ.①人工智能-法律-研究 Ⅳ.①D912.174

中国版本图书馆CIP数据核字(2021)第151394号

策　　划　曹培雷　苏贻鸣
责任编辑　冯　静
封面设计　孙　康

理性机器人:人工智能未来法治图景
[英]瑞恩·艾伯特 著
张金平　周睿隽 译

出　　版　上海人民出版社
　　　　　(200001　上海福建中路193号)
发　　行　上海人民出版社发行中心
印　　刷　上海商务联西印刷有限公司
开　　本　635×965　1/16
印　　张　14
插　　页　2
字　　数　181,000
版　　次　2021年8月第1版
印　　次　2021年8月第1次印刷
ISBN 978-7-208-17265-4/D·3814
定　　价　58.00元

This is a simplified Chinese edition of the following title published by Cambridge University Press:

The Reasonable Robot*: *Artificial Intelligence and the Law, ISBN: 978-1-108-47212-8, by Ryan Abbott, first published by Cambridge University Press 2020.

This simplified Chinese edition for the People's Republic of China (excluding Hong Kong SAR, Macau SAR and Taiwan Province) is published by arrangement with the Press Syndicate of the University of Cambridge, Cambridge, United Kingdom.

“人工智能与法治”书目

一、“独角兽·人工智能”系列

第一辑《机器人是人吗?》

《谁为机器人的行为负责?》

《人工智能与法律的对话》

第二辑《机器人的话语权》

《审判机器人》

《批判区块链》

第三辑《数据的边界:隐私与个人数据保护》

《驯服算法:数字歧视与算法规制》

《人工智能与法律的对话 2》

第四辑《理性机器人》

《数据交易:法律·政策·工具》

《人工智能与法律的对话 3》

二、“独角兽·未来法治”系列

《人工智能:刑法的时代挑战》

《人工智能时代的刑法观》

《区块链治理:原理与场景》

《权力之治:人工智能时代的算法规制》

《数字货币与日常生活》

三、“独角兽·区块链”系列

《人工智能治理与区块链革命》

《区块链与大众之治》

《链之以法:区块链值得信任吗?》